JOURNAL

MILITAIRE

D'UN CHEF DE L'OUEST,

CONTENANT

la Vie de Madame, duchesse de Berri,

en Vendée.

PAR LE BARON DE CHARETTE.

Paris.

G.-A. DENTU, IMPRIMEUR-LIBRAIRE,

rue des Beaux-Arts, nos 3 et 5;

ET PALAIS-ROYAL, GALERIE VITRÉE, No 13.

><|><

1842.

Plusieurs écrivains ayant traité les évènemens de la Vendée en 1832, et, sur quelques
points, ayant été induits en erreur par des renseignemens inexacts, j'ai pensé qu'il appartenait à l'un des acteurs de ce drame de les raconter avec simplicité. Loin de moi la pensée
de faire naître une nouvelle polémique; il me
semble que ces évènemens, présentés sans ré-

flexions et dans l'ordre de faits qui leur ap-
tient, ne peuvent blesser personne. Au reste,
je déclare que c'est pour éloigner de nouvelles dissentions, et dans l'intérêt de la vérité, que je monte à cette tribune, à laquelle
mon esprit est loin d'être préparé; aussi j'espère que le public me pardonnera quelques
fautes de style et le défaut de mouvement dans
ma narration; car je suis convaincu qu'outre
le peu de mérite de l'auteur, une sorte de mo-
notonie est inséparable d'un ouvrage écrit sans
commentaires. Le lecteur voudra bien ne s'attacher qu'à l'expression de la vérité; c'est elle
seule que j'ai eue en vue en disant la vie de
MADAME en Vendée.

Cette relation a été pour ainsi dire écrite
sous les yeux de Son Altesse Royale; et si je
ne me sers pas de son autorité pour lui donner
un nouveau cachet d'authenticité, c'est qu'il
convient de faire intervenir le moins possible
l'opinion des princes.

On trouvera peut-être étrange que j'aie rédigé ce journal à la troisième personne; mais le moi qui revenait sans cesse me fatiguait. Si c'est déroger à l'usage, j'en demande pardon à mes lecteurs. Je le répète, ce n'est point une œuvre littéraire que je livre au public, encore moins l'histoire de la Vendée : mes forces seraient insuffisantes pour un pareil travail. Témoin oculaire, et placé au centre du cercle où se passaient les évènemens, j'ai pensé qu'il me serait permis de jeter quelques nouvelles lumières sur une scène déjà éclairée par des écrivains d'un mérite distingué. Qu'à cette occasion il me soit permis d'offrir un juste tribut d'éloges au beau travail de MM. Saint-Edme et Sarrut, sous le titre de *Biographie de S. A. R.* MADAME, *duchesse de Berri.* Quand la vérité se fait jour, et arrive au cœur de l'homme dont les sympathies sont si différentes des nôtres, c'est le plus beau triomphe qu'elle puisse désirer.

Je manquerais le but auquel j'aspire, si je m'arrêtais à relever quelques erreurs de faits et de dates commises par mes devanciers. Ce serait risquer de faire naître des discussions. Je me bornerai donc à livrer au public le journal des faits, car tous sont du domaine de l'histoire; c'est le meilleur moyen, il me semble, de ne blesser aucune susceptibilité.

PREMIÈRE PARTIE.

Le baron de Charette, après avoir partagé
l'exil de la famille royale, par suite de la révolution de juillet, revint dans la Vendée en proscrit (1), le 22 juin 1831. Il avait reçu des princes l'ordre de présider à l'organisation du 3e
corps d'armée, rive gauche de la Loire. Ce ter-
ritoire s'étend depuis les portes de Nantes jus-

(1) Le gouvernement avait refusé un passeport à
M. de Charette.

qu'au-delà de Fontenay et de Luçon ; et , en suivant le cours de la Loire, depuis le Loroux et Saint-Julien jusqu'à la mer, dont il comprend aussi tout le littoral, jusqu'à quelques lieues de Rochefort.

Tout ce pays était naturellement resté sans direction, depuis la mort du comte de Suzannet, officier-général commandant le 3ᵉ corps, depuis 1798 jusqu'en 1815.

Les efforts les plus constans de M. de Charette eurent pour but de lui donner cet ensemble sans lequel il est impossible d'arriver à un bon résultat. Il avait établi ses rapports avec les chefs des dix-sept divisions dont voici les noms :

Divisions.		Divisions.	
1ʳᵉ	Saint-Philbert.	10ᵉ	Bourbon-Vendée.
2ᵉ	Pays de Retz (Paimbœuf).	11ᵉ	Les Essarts.
		12ᵉ	Montaigu.
3ᵉ	Machecoul.	13ᵉ	Maisdon.
4ᵉ et 5ᵉ	Les Marais.	14ᵉ	Vallette.
6ᵉ	Palluau.	15ᵉ	Le Loroux.
7ᵉ	Les Sables.	16ᵉ	Veillevigne.
8ᵉ	Champ Saint-Père.	17ᵉ	Legé.
9ᵉ	Luçon.		

Le baron de Charette parcourut la plus grande partie de son corps d'armée, accompagné de

M. Henri de Puysieux, et, quelques mois plus tard, de M. Edouard de Monti de Rezé (1), son parent, qui se trouvait impliqué dans la conspiration de Saumur. Ces deux officiers, si distingués par leur courage et par leur fidélité, ont contribué puissamment à l'organisation du 3e corps.

(1) M. Henri de Puysieux était né avec une ambition qui dévorait son âme, et une capacité militaire qui l'eût conduit fort loin, si la mort n'était venu l'enlever à ses amis et à sa patrie, dans les champs du Portugal. Blessé presque mortellement, il se fit attacher sur son cheval, et chargea ainsi à la tête de son régiment. Ce combat fut le dernier que la légitimité portugaise tenta contre la révolution. Henri de Puysieux y trouva une mort glorieuse. Sa Majesté venait de le nommer brigadier de ses armées : ce fut le dernier acte de sa puissance.

M. Edouard de Monti de Rezé, quoique bien jeune à l'époque de 1832, montrait dès-lors un esprit judicieux, une appréciation exacte des hommes et des choses; moins bouillant que M. de Puysieux, il ne brise pas les obstacles, il les tourne; il est diplomate par l'esprit, et surtout soldat par le cœur. Pour prix de son dévouement à la cause de la légitimité, Son Altesse Royale, en vertu de ses pouvoirs de régente, l'a nommé chevalier de Saint-Louis et chef d'escadron. Plus tard, elle l'a appelé auprès d'elle en qualité d'écuyer commandant.

Ce fut ainsi qu'il se mit en rapport avec les chefs de division et les personnes influentes du pays, qui à cette époque semblaient, sans exception, comprendre la nécessité de donner une organisation forte à ces contrées. Il lui fut facile de leur inspirer le même zèle qu'il ressentait, en leur faisant remarquer que le 3e corps se trouvait en arrière des autres, sous le rapport de l'organisation, des ressources en armes et en munitions; car depuis long-temps les autres généraux vendéens s'occupaient à donner une direction aux différens corps qu'ils commandaient.

Le premier soin du baron de Charette fut de remettre à tous les chefs de division une certaine quantité de poudre, qui s'accrut avec le temps, et des moules à balles de différens calibres, afin qu'ils pussent faire faire eux-mêmes une partie de leurs cartouches, d'après les notions qu'ils avaient sur la nature de leurs armes. M. de Charette fit en outre confectionner à Nantes cent mille cartouches, dans l'hiver de 1831 à 1832. Sur différens points du corps d'armée, des magasins d'armes et de munitions furent disposés. Enfin, lors du soulèvement, il existait dans le 3e corps une assez grande quantité de munitions pour permettre à un corps d'environ dix mille hommes de soutenir la guerre pendant un mois.

Ne voulant pas compromettre le nom des officiers comptables attachés aux divisions, M. de Charette avait fait remettre au chef un cachet portant le nom et le numéro de la division. Ce cachet devait être apposé à la place de la signature du major ou du colonel, sur des bons qu'il avait fait imprimer, à raison de mille exemplaires par division. Toutes les différentes natures y étaient spécifiées.

Dans une instruction fort détaillée, que le général adressa à ses chefs de division, il prit soin de leur indiquer les devoirs que leur imposait leur position, ainsi que ceux des officiers qui avaient reconnu leur autorité. Cette instruction contenait aussi le plan d'organisation des bataillons réguliers, devant former plus tard des régimens de ligne, commandés qu'ils étaient par d'anciens officiers. Deux divisions devaient concourir à la formation d'un de ces bataillons réguliers, qui auraient renfermé dans leurs rangs les réfractaires déjà organisés, et recevant une solde régulière, les volontaires, et de plus les déserteurs et les militaires enlevés inopinément dans leurs cantonnemens. Les ordonnances de MADAME accordaient une augmentation de solde aux troupes qui passeraient sous les drapeaux d'Henri V.

Outre ces dispositions particulières, le commandant du 3e corps avait songé aux différentes éventualités que pouvait faire naître une guerre semblable. Les ordres envoyés à ses chefs de division en fournissent la preuve. Tous les services étaient organisés autant que pouvait le permettre la difficulté des temps. Des ambulances militaires devaient suivre l'armée; et, le 4 juin 1832, des sœurs de charité, fidèles à leurs promesses, étaient à leur poste.

La correspondance établie au centre du corps d'armée permettait à messieurs les chefs de division de recevoir les ordres dans les vingt-quatre heures; il leur fallait environ la moitié de ce laps de temps pour en donner connaissance à leurs officiers.

Comme le mot *chef de division* sera souvent employé dans le cours de ces notes, il est bon peut-être de donner quelques explications sur les fonctions qui lui sont dévolues.

Le chef de division a le rang de colonel; cependant rien n'empêche que, dans une position supérieure, on occupe ce poste; il commande à plusieurs paroisses, qui, dans le principe de la guerre de 1793, ont désiré de marcher sous la bannière d'un seul chef. De là vient que telle division compte dix à douze communes, tandis que celle des Sables, par exemple, en comprend trente-huit.

L'auteur de ces notes pense qu'il serait imprudent de changer cette circonscription, quelque inégale qu'elle soit; il faut, selon lui, respecter les anciennes traditions. Les Vendéens, sous les Bonchamp, les Larochejaquelein et les Cathelineau, ont fait d'assez grandes choses pour que nous nous contentions de les imiter; seulement il est possible, en ce qui ne touche pas aux affections des masses, de les modifier.

Le chef de division, d'abord choisi par les populations, a fini par l'être par l'officier-général qui commande le corps d'armée, lequel corps, dans le principe, s'est formé aussi de toutes les divisions qui ont voulu marcher sous une même direction.

Les circonstances ayant modifié ces premières dispositions, on s'est vu forcé de nommer par anticipation, afin de donner plus d'ensemble aux opérations.

L'officier-général nommé à cette haute et difficile mission, doit consulter le vœu des populations, avant d'arrêter son choix sur ses chefs de division et officiers supérieurs. Il entre rarement dans le détail de la nomination des chefs de paroisse. C'est l'opinion qui les fait, et le divisionnaire qui la suit et les sanctionne. Ces chefs de paroisse ou capitaines sont d'une grande importance; ils tiennent dans leurs mains le degré de force auquel peut atteindre un soulèvement.

Le 25 septembre 1831, les officiers-généraux vendéens et bretons reçurent l'avis que Madame la duchesse de Berri, régente de France, devait débarquer sur les côtes du midi, le 3 octobre. Deux jours plus tard, le même ordre leur fut apporté par M. Ulric Pelloutier.

Le baron de Charette pensa de suite à réunir ses chefs de division, afin de leur donner connaissance des ordres qu'il venait de recevoir. Malgré toutes les difficultés attachées à cette réunion, soit à cause de la surveillance dont chacun des membres pouvait être l'objet, soit par suite de l'éloignement de plusieurs d'entre eux, il parvint néanmoins à en réunir douze.

Le commandant du 3ᵉ corps leur proposa la question suivante : Doit-on prendre les armes immédiatement, ou attendra-t-on l'arrivée d'un second courrier, qui annonce le débarquement de Son Altesse Royale sur les côtes de France? M. de Charette, en adoptant cette dernière opinion, entraîna la majorité.

A cette époque, l'organisation était loin d'être complète; et cependant, si MADAME eût opéré son débarquement, peut-être eût-elle trouvé un plus grand accord dans le parti royaliste; mais bientôt prévalut dans la société le système parlementaire; les masses restèrent animées du même esprit qu'en 1793.

Peu après l'époque dont nous venons de parler, le baron de Charette envoya à la cour de Massa le comte Charles de Kersabiec. Non seulement il fut porteur de ses dépêches, mais il se chargea encore de celles des différens chefs de l'Ouest. Il fut également retenu à Paris pendant huit jours, pour le charger de la correspondance établie entre Massa et les royalistes de la capitale.

Son voyage dura deux mois; il revint avec des ordonnances militaires rédigées d'une manière fort large, une correspondance étendue, dans laquelle MADAME et son conseil exprimaient le désir d'en appeler aux armes dans un court délai.

L'Ouest fut informé à cette époque de la création d'un comité résidant à Paris, et institué par la régente de France. Cette nomination eut de l'influence sur l'Ouest. Ceux parmi les royalistes qui ont une foi entière dans le

pouvoir de la pensée, crurent trouver un point
d'appui dans la désignation de quelques-uns
des membres de ce comité. Dès lors, à côté des
hommes du mouvement, se dessina plus nette-
ment le parti parlementaire.

Vers la fin de janvier 1832, le duc d'Escars,
gouverneur-général des provinces méridionales,
se rendit dans l'Ouest pour communiquer avec
ses principaux chefs; il désirait connaître les
ressources du pays, ses moyens d'action; il
souhaitait que l'on pût retarder l'insurrection
jusqu'au printemps, donnant pour motif que
l'hiver et la misère publique seraient pour nous
de puissans auxiliaires.

La rive gauche de la Loire avait été soumise
depuis peu à une nouvelle organisation, dans le
personnel de ses généraux : le comte Charles
d'Autichamp venait d'être nommé général en
chef, et avait été remplacé, dans le commandement de l'armée d'Anjou, par le fils du célèbre Cathelineau. Ce choix reçut une approba-
tion universelle; le paysan s'en trouva honoré:
il se rappelait avec orgueil que Cathelineau, le
premier général en chef vendéen, était sorti de
ses rangs : aussi lui avons-nous souvent entendu
dire sous la restauration : « Tant que le fils
« de notre ancien général ne sera pas récom-

« pensé, nous ne croirons jamais l'être. »

Un comité royaliste s'était formé à Nantes peu de temps après la révolution de juillet. Le comte Charles de Kersabiec en était le secrétaire, et un des membres les plus actifs. Pendant son séjour à la cour de Massa, il avait fait connaître quelle pouvait être l'influence de ce comité sur les masses et sur la société. MADAME promit qu'elle nommerait son commissaire civil près la province, celui des membres de ce comité qui obtiendrait la majorité des suffrages comme président. Le choix tomba sur M. Guibourg, jeune avocat qui avait montré un véritable talent dans la défense de plusieurs accusés vendéens. Ses compétiteurs étaient MM. Humbert de Sesmaisons et le marquis de Monti de la Cour de Boué. Son Altesse Royale venait de désigner, comme son commissaire civil pour la province du Poitou, le comte de Bagneux.

La ville de Nantes, par son importance, avait besoin d'une direction militaire ; M. le général baron Clouet fut nommé pour présider à cette organisation ; mais appelé peu de temps après au commandement en chef de la rive droite de la Loire, il ne put donner ses soins à cette organisation. Malheureusement il ne fut pas remplacé ; seulement, par les soins de

M. Guibourg, quelques dépôts d'armes et de munitions furent établis dans différens quartiers de la ville.

On pensa généralement qu'un emprunt devenait d'une nécessité absolue; il fallait l'autorisation de Son Altesse Royale. M. Guibourg envoya auprès de MADAME M. Deshéros, qui accomplit sa mission avec célérité. La ville de Nantes fut appelée à couvrir un emprunt d'un million, pour les premiers besoins de la province.

Vers les premiers jours de mars, un célèbre orateur, une des puissances royalistes du parti parlementaire (M. Berryer), traversa la Vendée. Sa parole porta l'espérance dans tous les cœurs, électrisa tous les esprits.

Le moment approchait où nous devions courir aux armes : un ordre de la cour de Massa, expédié le 20 avril, et transmis de Paris le 27 du même mois par le comité, ordonnait aux provinces de l'Ouest de prendre les armes.

Copie de l'ordre.

« MADAME me charge de vous adresser im-
« médiatement de sa part, avec l'invitation for-
« melle de vous conformer sans délai à son con-

« tenu, la lettre suivante, que je copie ci-après :

« Je ferai savoir à Nantes, Rennes, Angers et Lyon, que je suis en France ; faites prendre les armes aussitôt après avoir reçu cet avis, et comptez que vous le recevrez du 1er au 3 mai prochain. Si les courriers ne pouvaient passer, les bruits publics vous feraient connaître mon arrivée, et vous feriez courir aux armes sans retard. Prenez donc toutes les précautions pour être informé par le comité de Nantes, d'Angers ou Rennes, et soyez prêt pour le 3 mai.

« Il est toujours bien entendu que vous ne ferez aucune levée de boucliers avant le 3 mai, avant d'avoir reçu l'avis de ma présence sur le sol français, soit par la voie des courriers que j'enverrai, soit par les bruits publics et avérés : car malgré toutes les probabilités, il pourrait arriver quelqu'incident imprévu, qui m'obligerait à retarder le moment désiré par vous et par nous.

« Vous avez donné, monsieur, trop de preuves du dévouement le plus courageux, pour que MADAME n'ait pas toute confiance dans votre zèle à seconder ses vues dans cette circonstance.

« *Signé* le comte DE BOURMONT. »

Le moment était habilement choisi pour courir aux armes. Le choléra venait de désoler la France, et avait répandu une sorte de stupeur et d'effroi ; de plus, le chef du cabinet d'alors, Casimir Périer, était aux portes du tombeau. MADAME et son conseil pensèrent donc que le moment était favorable pour une prise d'armes.

Cependant, quelques paroles de blâme s'élevèrent contre cette résolution ; on vit non seulement un acte de témérité dans cette décision sollicitée depuis long-temps, mais encore un manque de dignité à profiter des malheurs de la France pour l'accabler. Erreur ! ce n'était point sur la misère publique que MADAME spéculait, mais sur les embarras du gouvernement. Dans l'esprit de quelques personnes, les ordres de MADAME passèrent pour être controuvés ; l'arrivée même à Nantes de son courrier, parti de Marseille le 29 avril à onze heures du matin, qui informait l'Ouest que Son Altesse Royale était heureusement débarquée sur les côtes de France, laissa encore des doutes sur l'authenticité de cet ordre. On délibéra sur la question de savoir si l'on prendrait les armes immédiatement, ou bien si l'on attendrait l'arrivée d'un second courrier : on s'arrêta à cette dernière pensée.

L'Ouest resta pour ainsi dire l'arme au bras, jusqu'au moment où il crut apprendre l'arrestation de MADAME sur le *Carlo-Alberto* : alors il se fit un profond silence ; l'insurrection avait échoué à Marseille, et l'on craignait pour les jours de MADAME.

Cependant Son Altesse Royale, confiante dans la justice de sa cause, comptant pour rien les dangers qu'elle aurait à braver, assurée du concours d'un grand nombre de serviteurs fidèles, ayant des intelligences dans tous les grands corps de l'Etat, des sympathies partout, et l'appui moral des puissances du Nord, comme l'intérêt actif des Etats secondaires de l'Europe, MADAME tourna ses regards vers l'Ouest.

Nous n'avons dû signaler que l'ensemble des motifs qui déterminèrent Son Altesse Royale à se jeter au milieu de ces fidèles populations ; il n'appartient qu'à l'auguste princesse elle-même d'entrer dans de plus grands détails.

MADAME était déjà en Saintonge, que la France ignorait cette sublime détermination. Ce fut dans la nuit du 3 au 4 mai qu'elle arriva au château de Plassac, chez M. le marquis de Dampierre, d'où elle écrivit, le 13 seulement, à quelques personnes influentes de l'Ouest. Elle chargea en même temps le vicomte d'Alès d'aller trouver MM. Guibourg et de Charette, donnant l'ordre au premier de se rendre immédiatement auprès d'elle. Elle lui écrivit la lettre suivante :

« Saintonge, le 13 mai 1832.

« Malgré l'échec que nous venons d'éprou-
« ver, je suis loin de regarder ma cause comme
« perdue ; j'ai toujours la même confiance dans
« notre bon droit. Mon intention est qu'on plaide
« incessamment ; j'engage donc mes avocats à
« se tenir prêts à plaider au premier jour. »

Puis, le même jour, elle disait à M. de Charette :

« Je pense que vous êtes inquiet, ayant pu
« apprendre mon accident. J'ai été endomma-
« gée, contusionnée, mais non brisée ; cela ne
« m'empêchera pas de faire route. Bientôt, je
« l'espère, je serai au milieu de vous ; préparez
« toute chose. Je charge un de nos amis de vous
« voir, et de prendre les dispositions nécessaires
« à mon arrivée. »

M. Guibourg partit immédiatement avec le
vicomte d'Alès pour le château de Plassac, où
ils étaient attendus avec impatience par Son Altesse Royale.

Ainsi, MADAME resta chez le marquis de
Dampierre depuis le 4 mai jusqu'au 16, occupée à renouer les fils de la vaste conspiration
royaliste. Elle avait aussi à cœur de rassurer ses
amis, de leur faire part de sa généreuse résolution, et désirait également donner au maréchal le temps de se rendre dans la Vendée, en
supposant qu'il n'eût pas fait autant de dili-
gence qu'elle. M. Guibourg ne put donner à
MADAME aucun renseignement sur l'arrivée du
maréchal.

MADAME ne pouvait rester sans danger dans
une position qui, chaque jour, devenait plus
difficile : non seulement elle compromettait sa
personne, mais encore les destinées du parti.
Il avait d'ailleurs été convenu entre MADAME et
le vainqueur d'Alger, que si la princesse arrivait la première dans la Vendée, elle donnerait
l'ordre du soulèvement, attendu que le plan
d'opération dépendant d'une surprise, il ne
fallait pas donner au gouvernement le temps de
concentrer ses troupes disséminées par petits
postes sur toute l'étendue de l'Ouest, et notam-
ment en Vendée. Or, la présence de MADAME ne
pouvait rester long-temps un secret : de là la nécessité d'en appeler aux armes immédiatement,
si l'on voulait profiter des fautes de l'ennemi.

Ce plan d'opération, le seul possible, le seul accepté par MADAME et le maréchal de Bourmont, demandait une action prompte, immédiate. Son Altesse Royale prit donc la résolution, quoi qu'il dût lui en coûter, de se passer des lumières du maréchal, et chargea M. Guibourg, son commissaire civil, de transmettre l'odre suivant :

« D'après les rapports qui m'ont été adressés sur les provinces de l'Ouest et du Midi, mes intentions sont qu'on prenne les armes le 24 de ce mois. J'ai fait connaître partout mes intentions à cet égard, et je les transmets aujourd'hui à mes fidèles provinces de l'Ouest.

« MARIE-CAROLINE, *régente de France.*

« Ce 15 mai 1832. »

A cet ordre, il faut ajouter la proclamation suivante, que M. Guibourg fut également chargé de faire parvenir aux provinces de l'Ouest.

Proclamation.

« Vendéens et Bretons, et vous tous habitans des fidèles provinces de l'Ouest, ayant abordé dans le Midi, je n'ai pas craint de traverser la France au milieu des dangers pour accomplir une promesse sacrée, celle de venir parmi mes braves amis partager leurs périls et leurs travaux. Je suis enfin parmi ce peuple de héros! Ouvrez à la fortune de la France ; je me place à votre tête, sûre de vaincre avec de tels soldats.

« Henri V vous appelle : sa mère, régente de France, se voue à votre bonheur. Un jour Henri V sera votre frère d'armes, si l'ennemi menaçait votre pays.

« Répétons notre ancien et nouveau cri : *Vive le roi! vive Henri V !*

« MARIE-CAROLINE, *régente de France.*

« Le 15 mai 1832. »

Pour compléter cette trop rapide esquisse de la situation de l'Ouest avant l'arrivée de MADAME en Vendée, nous ferons connaître la déclaration qu'elle adressait aux Français, ainsi que sa proclamation à l'armée. Elles furent tirées à plus de vingt mille exemplaires, de même que les ordonnances militaires.

Ces proclamations et ces ordonnances étaient d'une date fort antérieure au soulèvement. Les provinces de l'Ouest les avaient reçues à la fin de l'année 1831.

Nous ne donnerons qu'un aperçu des ordonnances. Elles accordaient à tout officier démissionnaire en 1830, et resté fidèle, un grade supérieur, à dater du jour de sa démission. Tous les officiers ou soldats qui passaient dans un court délai sous les drapeaux de la légitimité, étaient aptes à obtenir un grade supérieur à celui qu'ils occupaient. La solde de l'armée était sensiblement augmentée, et enfin les militaires appartenant aux classes de 1828, 29 et 30, étaient licenciés six mois après l'ordre rétabli en France.

En matière civile, l'attention de MADAME avait été appelée sur une des branches de l'industrie bretonne et vendéenne. Une réduction de dix francs par quintal avait été faite sur les droits du sel. La régente de France, pour le reste des impôts, semblait vouloir se conformer aux bases adoptées par le budget de 1829.

Déclaration de MADAME, duchesse de Berri, régente de France.

« FRANÇAIS !

« Séparée de vous par nos malheurs communs, j'ai pris part à vos maux, j'ai entendu vos vœux. Mère de Henri V, j'accours en son nom pour les remplir. La régente du royaume est au milieu de vous ; appelée par les vœux d'une population fidèle, je n'ai point oublié les devoirs que ce double titre m'impose.

« Français! sous vos rois légitimes, la France fut heureuse et libre : qu'ils me disent maintenant ce qu'elle est devenue sous ceux qui, non contens de l'avoir asservie, augmentent chaque jour ses maux et ses misères.

« Ils vous avaient promis la gloire, ils vous ont humiliés ; la liberté, ils vous ont donné l'arbitraire ; le bonheur, et vous gémissez sous le poids des impôts. Le commerce est anéanti, les droits des citoyens méconnus, la sainteté du domicile violée, la religion de l'Etat indignement outragée.

« Français ! ils est temps de mettre un terme à tant de malheurs, de replacer sur leurs antiques bases ces sages libertés dont vous avez hérité de vos pères. Réformer les abus de la centralisation, reconstituer les communes, qui durent leur premier affranchissement à Louis-le-Gros ; rétablir, avec les modifications que le temps a rendues nécessaires, des assemblées provinciales, plus aptes à juger des besoins des localités, diminuer ou supprimer les impôts les plus vexatoires, accorder à l'enseignement toute la liberté compatible avec l'ordre et les bonnes mœurs ; faire respecter dans la religion catholique, la religion de l'Etat, tout en maintenant scrupuleusement la liberté de conscience ; consacrer de nouveau les bases fondamentales de notre ancien droit public, le libre vote de l'impôt et le concours de la nation aux actes législatifs, c'est le but que se propose le gouvernement de notre jeune roi, et pour lequel nous rechercherons les lumières de tous les hommes éclairés et consciencieux.

« Mère d'un autre Henri, je viens prévenir, en son nom, les dissentions civiles et la guerre étrangère ; rendre aux arts la paix, à l'industrie le travail, au pouvoir sa considération.

« Je viens rallier tous les talens au principe conservateur des sociétés ; la légitimité est instituée, non dans l'intérêt d'un seul, mais pour le bonheur de tous.

« Chargée de l'important fardeau de la régence, Dieu soutiendra mon courage, et je me fierai à l'amour des Français ; je puiserai dans le sentiment de mes devoirs, la force de les remplir. Heureuse de récompenser les services rendus, je n'aurai d'ennemis que ceux qui voudront l'être : mais la vigilance et la fermeté sont nécessaires pour le rétablissement de l'ordre dans l'Etat, je ne l'oublierai pas.

« Français! vous demandez la gloire, l'ordre, la liberté ; la légitimité seule peut les rendre à vos vœux ; votre souverain légitime est Henri V, c'est mon fils.

« *Vive le roi ! vive Henri V !*

« *Signé* MARIE-CAROLINE. »

Proclamation de MADAME, *duchesse de Berri, régente de France.*

« SOLDATS !

« Une funeste révolution a violemment séparé la France de la famille de ses rois. Cette révolution s'est faite sans vous, elle s'est faite contre vous. Fidèles au devoir et à l'honneur, vous vous êtes soumis par nécessité, vous n'avez pas adhéré à l'usurpation.

« Les intérêts de la patrie me ramènent au milieu de vous : la petite-fille de Henri IV vient demander votre appui ; elle le demande au nom des malheurs de la France, au nom de vos familles désolées ; c'est à votre concours, à celui de tous les bons Français seuls que je confie l'avenir de la France et les droits de mon fils.

« Le gouvernement usurpateur vous appelle maintenant à sa défense, et naguère encore il vous insultait. Vous ne l'avez pas oublié, soldats de l'armée d'Espagne, c'est lui qui a détruit les monumens élevés à vos victoires : soldats de l'armée d'Afrique, la monarchie légitime vous préparait des arcs de triomphe et des récompenses, la révolution a méconnu vos services, et vous a poursuivis de ses calomnies.

« Ils ne sont pas Français, ces hommes qu'importune la pensée de vos exploits. Séparez-vous de leur cause impie. Soldats, ralliez-vous au drapeau blanc, c'est celui de vos pères, c'est le vôtre, c'est le signe glorieux qui a conquis et su conserver nos plus belles provinces. La France lui doit sa gloire maritime ; c'est le drapeau de Navarin ; vous l'avez planté naguère sur les colonnes d'Hercule, sur les ruines d'Athènes, sur les remparts d'Alger : la France et l'Europe s'apprêtent à le saluer de nouveau comme un gage de sécurité, comme l'étendard de l'honneur et du courage.

« Soldats, la noble profession des armes va

reprendre son rang, et vos droits seront reconnus; votre avancement, vos avantages justement acquis, vous seront rendus ou conservés. Henri V vient récompenser le dévouement, reconnaître tous les services, et chercher toutes les capacités honorables.

« Je me place avec confiance au milieu de vous; vous avez des armes contre les ennemis de l'Etat, vous n'en avez pas contre la fille de vos souverains, contre un enfant que vous avez vu naître, héritier légitime de trente-cinq rois.

« Que l'amour de la patrie vous rallie à la mère de Henri V; accourez tous : vous me trouverez entourée des chefs qui vous ont conduits à la victoire; vous me trouverez à la tête des braves qui s'avancent l'arme au bras, au milieu des populations reconnaissantes. Accourez tous vous mêler aux populations fidèles qui se pressent au-devant de nos pas, et, comme elles, répétez avec transport : *Vive le roi ! vive Henri V !*

«*Signé* MARIE-CAROLINE, *régente de France.*»

SECONDE PARTIE.

———————

Comme nous avons eu l'occasion de le dire, Son Altesse Royale arriva dans la nuit du 3 au 4 mai au château de Plassac, chez le marquis de Dampierre : elle quitta la Saintonge dans la nuit du 15 au 16, accompagnée du comte de Mesnard, du marquis et de la marquise de Dampierre, et du comte de Lorges, qui, pour suivre MADAME, avait revêtu la livrée, et occupait le siége de la voiture. C'est ainsi que Son Altesse Royale traversa la plus grande partie de la Vendée, au risque mille fois d'être arrêtée par les nombreux détachemens qui stationnaient sur les grandes routes, et avaient ordre de visiter toutes les voitures. Cependant on ne demanda les passeports de Son Altesse Royale qu'à Bourbon-Vendée; elle montra celui de la comtesse Alban de Villeneuve-Bargemont, et passa sans difficulté.

Le baron de Charette avait insisté en vain pour lui faire prendre une route plus longue, mais plus sûre. Prévenu de son arrivée, il était allé l'attendre au château de la Preuille, appartenant au colonel de Nacquart. La Preuille est située sur la route de Nantes à Bourbon, à une lieue et demie de Montaigu, et environ à la même distance d'Aigrefeuille. Une avenue donnant sur la grande route conduit à l'habitation, qui se trouve environ à un tiers de lieue dans les terres. C'est presque le seul château dans nos pays qu'ait épargné la révolution de 93.

Son Altesse Royale arriva à la Preuille le 17, à neuf heures et demie du matin; elle y était attendue depuis la nuit. M. Guibourg, arrivé la veille au soir, à dix heures et demie, avait assuré qu'il ne précédait MADAME que de quelques heures; aussi ce fut une nuit d'angoisses pour tous les habitans du château, qui avaient devant les yeux les périls sans nombre que Son Altesse Royale avait à braver avant d'arriver à sa destination. Non seulement son arrivée devenait un problême par suite de ce retard, mais on ne pouvait plus espérer soustraire MADAME aux regards des gens de la maison.

La préoccupation des esprits, l'attente peutêtre d'évènemens prochains, quoique la Vendée ignorât la présence de Son Altesse Royale en Saintonge, avaient réuni chez M. de Nacquart, chef de la division de Montaigu, un assez grand nombre de ses officiers. On était à table, lorsque le bruit d'une voiture et le claquement du fouet du postillon se firent entendre. La voiture s'arrêta devant les marches du perron. M. de Nacquart et sa fille se levèrent de table, et vinrent offrir la main à l'auguste voyageuse ; mais, par une préoccupation d'esprit que l'on conçoit facilement, ils introduisirent MADAME dans la salle à manger, au milieu des convives. Elle fut reconnue par tout le monde ; mais qu'avaitelle à craindre, la noble régente de France ? n'était-elle pas au milieu de ses braves Vendéens ?....

Son Altesse Royale ignorait qu'elle eût été reconnue ; elle avait passé rapidement de la salle à manger dans un appartement qui lui avait été préparé. Elle ordonna au baron de Charette de dire à messieurs les officiers qu'elle venait de rencontrer sur son passage, que la régente de France n'avait point l'intention de garder l'incognito pour eux; que la prudence seule exigeait, à cause des gens de la maison, qu'elle n'allât pas elle-même leur dire tout le bonheur qu'elle éprouvait à se trouver au milieu des Vendéens. Avec quelle joie on accueillit ces paroles! Quel cœur d'ailleurs aurait pu rester froid, en présence de tant de courage et de grandeur d'âme !

Son Altesse Royale ne s'arrêta au château de la Preuille que le temps nécessaire pour changer de vêtemens. Elle cacha ses cheveux sous une perruque blonde, et prit un habillement de demi-paysan, composé d'une blouse bleue et d'un bonnet de même couleur; elle se baptisa elle-même du nom de *Petit-Pierre*.

MADAME quitta la Preuille avec M. Emmanuel Guignard, qui lui servait de guide. Ce fut par un sentiment de prudence que le comte de Mesnard et M. de Charette n'accompagnèrent pas Son Altesse Royale : ils durent la rejoindre seulement à la nuit tombante; car tous deux étant connus dans le pays, auraient pu facilement éveiller l'attention.

Pour ne laisser aucun doute dans l'esprit du postillon, la voiture repartit au grand complet pour Nantes, après environ une heure de halte, le temps nécessaire en apparence pour prendre un déjeûner, auquel la disposition des esprits ne permit guère de toucher. M. et Mme de Dampierre, Mme de Nacquart, vêtue des habits de Son Altesse Royale, M. Guibourg figurant quoiqu'imparfaitement le comte de Mesnard, montèrent en voiture et prirent la route de Nantes. Le comte de Lorges reprit sa place sur le siége.

Vers les huit heures du soir, MM. de Mesnard et de Charette quittèrent le château de la Preuille pour aller rejoindre Son Altesse Royale, qui était arrivée fort heureusement au Mortier, chez Mme Emmanuel Guignard, la femme de son guide. MADAME était à table quand ils entrèrent; elle était gaie comme aux jours du bonheur; elle s'était reposée jusqu'à l'heure du dîner, afin de réparer les fatigues du voyage. On lisait dans les regards de MADAME, qu'elle n'aspirait qu'à braver les dangers.

MADAME ne pouvait rester au Mortier; cette habitation donnant sur la route de La Rochelle à Nantes, ne présentait pas assez de sécurité pour des jours aussi précieux.

Il fut résolu que Son Altesse Royale se dirigerait sur Montbert, dans un lieu nommé *Belle-Cour* : c'était une retraite sûre, que M. de Charette avait long-temps occupée pendant ses courses dans le pays. Cette demeure n'était habitée que par une vieille servante et un jeune Vendéen. Pour arriver à Belle-Cour, Son Altesse Royale était obligée de parcourir à pied quatre grandes lieues de pays, par des chemins souvent non tracés. Quand on exposa à MADAME la difficulté de l'entreprise, elle répondit qu'on se moquait d'elle, et donna aussitôt le signal du départ. Ici commence véritablement sa vie de dangers et d'épreuves.

A quelques minutes du Mortier se trouve une petite rivière nommée *la Moine*; elle n'est pas navigable, par suite des accidens du terrain qu'elle parcourt, et des nombreuses chaussées qui la coupent. La petite caravane se dirigea sur l'une de ces chaussées que le temps avait détruite, et qui ne servait plus qu'à tendre des filets entre chaque grosse pierre que le torrent n'avait pas entraînée dans sa course. C'était un passage fort difficile, mais il abrégeait d'une heure environ la route de MADAME, et offrait aussi plus de sécurité pour éviter les patrouilles ; ce fut le motif qui détermina M. Guignard à l'indiquer : il faisait lui-même partie de l'escorte de Son Altesse Royale.

La Moine est fort encaissée dans cette partie : rien n'indique l'étroit passage qui conduit à la chaussée : ce fut sous les ronces et les épines que MADAME parvint à la première pierre.

La nuit était sombre, et les branches ajoutaient encore à l'obscurité. Le guide, nommé *le Normand,* était en avant : le baron de Charette venait ensuite ; il soutenait MADAME, il posait un pied sur chaque pierre, puis, aidé du soldat vendéen, il enlevait Son Altesse Royale, qui sautait ainsi d'une pierre sur une autre. MADAME avait déjà traversé les deux tiers de la rivière, lorsqu'au moment où elle allait franchir un des derniers intervalles, le pied du guide glissa : le malheureux tomba, et entraîna l'auguste princesse la tête la première dans l'eau ; en voulant retenir MADAME, le baron de Charette fut renversé à son tour de l'autre côté de la chaussée : le danger que courait MADAME paraissait imminent ; il s'élança à la nage du côté où il entendait l'eau s'agiter, et saisit heureusement le pied de MADAME ; aidé du brave le Normand et de M. Guignard, il la porta à terre. Elle reprit bientôt connaissance, ou plutôt sa présence d'esprit et son courage ne l'avaient

pas abandonnée un seul instant; elle dit gaî-
ment : « Les chouans en ont bien vu d'autres,
n'est-ce pas? Aujourd'hui je vois l'eau; demain,
il faut l'espérer, ce sera le feu. »

MADAME voulait continuer sa route, mais on
la força à retourner chez madame Guignard,
pour y changer de vêtemens; une heure après,
elle quittait le Mortier pour se diriger sur Montbert, mais cette fois par la ligne la plus courte,
en suivant la route de Nantes jusqu'à Remouillé.
C'était un chemin semé de périls, la grande
route étant continuellement parcourue par des
patrouilles; mais telle était la position, que
MADAME n'avait plus le temps nécessaire pour
gagner Montbert par la traverse, et qu'il devenait imprudent de laisser Son Altesse Royale
sur un point voisin du lieu où elle était des-
cendue de voiture. MADAME monta en croupe
derrière le fidèle Le Normand; M. de Mesnard
la suivait également à cheval. M. de Charette
était à pied, et éclairait la marche; il devait
avertir par un signal convenu des dangers qui
pouvaient se présenter : si c'était une patrouille
que le signal indiquait, les personnes qui le
suivaient devaient fuir de toute la vitesse de
leurs chevaux; M. de Charette cherchait alors à
attirer sur lui l'attention, en s'éloignant lente-

ment dans une autre direction ; il rejoignait ensuite Son Altesse Royale sur un point déterminé à l'avance, si les circonstances le lui permettaient.

La distance qui sépare le Mortier du village de Remouillé est d'environ trois quarts de lieue ; elle fut parcourue avec une étonnante rapidité, et sans rencontres fâcheuses ; mais que d'inquiétudes dans l'âme des proscrits, excepté peut-être dans celle de MADAME ! que d'inquiétudes dévorantes, quel contraste avec ce calme, ce silence de la nuit, qui n'étaient interrompus que par le pas des chevaux ! MADAME passa non loin d'un cantonnement, mais là aussi tout était dans le silence.

A quelque distance de Montbert, M. de Charette renvoya le guide et les chevaux ; MADAME gagna à pied Belle-Cour, où elle arriva à une heure et demie : ce devait être pour elle un lieu de repos, malheureusement il ne fut pas de longue durée.

Au signal convenu, la bonne Marie (Gillard), surnommée *la Chouanne* par Son Altesse Royale, vint ouvrir. Personne dans la maison, autre que M. le Romain, ne savait l'époque présumée du retour du baron de Charette avec l'être mystérieux qu'il accompagnait.

M. de Charette pouvait être arrêté en se rendant chez M. de Nacquart ; il devenait important alors qu'on pût prévenir cet officier de l'arrivée de MADAME dans son château ; M. de Charette avait donc cru devoir en avertir M. le Romain, qui se trouvait alors auprès de lui.

Les deux autres officiers qui étaient à Belle-Cour au moment où Son Altesse Royale y arriva, étaient MM. de Monti de Rezé et Joseph Prévost de Saint-Marc. Le premier avait partagé les périls et les travaux de M. de Charette environ depuis un an ; il était attaché à sa personne en qualité d'aide-de-camp. M. Prévost, aussi dévoué, aussi fidèle, n'était point alors compromis ; il remplissait, auprès du chef du 3e corps, les fonctions d'officier d'ordonnance.

M. le Romain descendit le premier, mais il dut garder le silence, jusqu'au moment où il plairait à MADAME de se faire connaître. MM. de Monti de Rezé et Prévost ne tardèrent pas à paraître : ils prirent MADAME pour un jeune réfractaire ; car ce fut sous cette désignation qu'elle voulut être nommée, à cause de la présence de la bonne Marie : celle-ci s'étant absentée un instant, MADAME ordonna à M. de Charette de dire qui elle était ; elle avait tant de bonheur à se voir entourée de ses amis !

A ce nom auguste qui vint frapper l'oreille et le cœur de ces messieurs, c'était quelque chose de touchant, et peut-être même de plaisant à la fois, de voir les marques de respect, de joie et d'attendrissement qui se succédaient. L'émotion de M. Prévost fut si grande, qu'il faillit se trouver mal ; et sa pâleur extrême lui fit donner par MADAME le surnom de *Choléra*.

Pendant cette scène, Son Altesse Royale était assise au coin du foyer de la cuisine. Pauvre princesse ! Elle était fatiguée, et ses membres engourdis se ressentaient de la chute qu'elle venait de faire dans la Moine.

Il y aurait une peinture piquante à faire des soins si empressés, si naturels que les habitans de Belle-Cour s'empressèrent de rendre à MADAME. Les compagnons de M. de Charette, troublés par la présence de Son Altesse Royale, par le bonheur inattendu de se trouver sous le même toit qu'elle, furent près d'une heure à préparer le mauvais lit` où elle devait reposer si peu de temps. MADAME, oubliant ses fatigues, riait avec bonté du trouble qu'elle occasionnait.

Avant de toucher à une question d'un intérêt majeur, nous remarquerons que Son Altesse

Royale coucha dans le même lit où, dix-sept ans auparavant, le chef du 3e corps, le comte de Suzannet, fut transporté mourant, après l'affaire de la Roche-Servière ; peu d'heures après il expira des suites de sa blessure, à la métairie de la Haute-Rivière, commune de Maisdon.

A trois heures du matin environ, M. Libault de la Chevasnerie demandait la faveur de remettre à l'auguste princesse une lettre signée de quelques chefs vendéens et bretons. Nous nous faisons un devoir de la mettre sous les yeux du lecteur, ainsi que la réponse de Son Altesse Royale.

Nous nous bornerons seulement à dire qu'ils croyaient devoir mettre sous les yeux de Son Altesse Royale, la difficulté de l'entreprise ; ils finissaient par supplier MADAME de révoquer l'ordre de prendre les armes, qu'elle venait de leur donner.

Son Altesse Royale répondit immédiatement à cette note par la lettre suivante :

« J'ai lieu de m'affliger des dispositions contenues dans la note que vous m'avez envoyée. Vous vous rappellerez, monsieur, le contenu de vos dépêches ; ce sont elles, ainsi qu'un devoir que je considère comme sacré, qui m'ont décidée à me confier à la loyauté reconnue de ces provinces. Si j'ai donné l'ordre de prendre les armes le 24 de ce mois, c'est sûre de votre participation, c'est d'après des notions positives du Midi et de plusieurs points de la France. Je regarderais ma cause comme à jamais perdue, si j'étais obligée de fuir ce pays, et j'y serais naturellement amenée, si une prise d'armes n'avait lieu immédiatement. Je n'aurais donc d'autre ressource que d'aller gémir loin de la France, pour avoir trop compté sur les promesses de ceux pour lesquels j'ai tout bravé pour remplir les miennes. Je l'avoue, privée des lumières du maréchal, il m'en a coûté de prendre une telle résolution sans lui ; mais j'ai l'assurance qu'il sera à son poste, s'il n'y est déjà.

« J'aurais désiré suppléer à ses conseils par les vôtres ; mais le temps me manquait, et j'ai fait un appel à votre dévouement et à votre zèle. L'ordre envoyé dans toute la France de prendre les armes le 24 de ce mois, demeure donc exécutoire dans tout l'Ouest.

« Il me reste maintenant, monsieur, à appeler votre attention sur l'armée ; c'est elle qui assurera nos succès : c'est donc un devoir d'employer vis-à-vis d'elle tous les moyens de suggestion possibles. Vous aurez donc soin de répandre deux jours à l'avance mes proclama-

tions et mes ordonnances; vous ne vous porterez à des voies de fait contre elle, qu'après
avoir employé tous les moyens de conciliation.

« *Telles sont mes volontés positives.*

« Je vous prie de faire parvenir le plus tôt
possible cette lettre à ceux qui ont signé celle
que vous m'avez envoyée. Je n'ai pas besoin,
monsieur, de vous dire encore combien je
compte sur votre dévouement, dont vous m'a-
vez déjà donné tant de preuves, et qui devient
si nécessaire dans ce moment.

« MARIE-CAROLINE, *régente de France.*

« Vendée, 18 mai 1832. »

Cette réponse si simple, si noble, suffit pour
rétablir la situation dans sa juste valeur. En
conséquence, les chefs s'engagèrent à faire
prendre les armes au 24 mai.

M. de la Chevasnerie fut en outre chargé de
leur transmettre quelques instructions verbales
au sujet des ordonnances et des proclamations
que MADAME souhaitait que l'on répandît quelques jours avant le soulèvement.

Ici, comme dans quelques circonstances,
nous serons obligés d'observer une réserve que
l'histoire se chargera peut-être d'expliquer.

Après le départ de M. de la Chevasnerie, Son Altesse Royale prit un peu de repos: la journée fut calme; la princesse mangea de bon appétit les mets que la pauvre chouanne lui prépara. Elle ignorait toujours le nom de l'auguste voyageuse, mais elle avait facilement découvert son sexe. Elle la prenait pour Mme la comtesse de Larochejaquelein, cette autre femme d'énergie et de cœur, que nul danger, nul péril ne pouvait arrêter.

Il était neuf heures du soir environ, lorsqu'on vint prévenir M. de Charette qu'un commissionnaire qu'il avait envoyé à Nantes pour y chercher quelques effets à l'usage de MADAME, avait été arrêté par la brigade de gendarmerie des Sorinière. On avait trouvé dans ses paniers deux amazones, deux chapeaux, quelques plumes blanches et du linge. Cet honnête Vendéen, nommé *Corniet,* était aussi porteur de la correspondance, qu'il sut soustraire à tous les yeux. Ainsi, dès l'arrivée de MADAME dans la Vendée, le gouvernement pouvait être informé de sa présence dans l'Ouest. Comme M. de Charette ignorait si la correspondance avait été saisie, il dut songer à faire quitter à Son Altesse Royale la demeure qu'elle occupait; il était naturel de penser que si l'on eût pris connaissance des dépêches, Belle-Cour eût été soumis à l'investigation de la police. M. de Charette fit aussitôt venir le domestique de la maison, dont il avait éprouvé plus d'une fois la fidélité, et lui dit de le conduire dans un lieu sûr.

Il était dix heures du soir, lorsque MADAME quitta Belle-Cour pour se rendre à la Chaimare, ferme située dans la paroisse de Généton, à une lieue et demie de Montbert. Son Altesse Royale était accompagnée du comte de Mesnard, du baron de Charette et de son aide-de-camp de Monti de Rezé, que dorénavant nous nommerons Edouard, MADAME le désignant par ce nom, et enfin du jeune Vendéen nommé *Jean Picheau*. MM. Le Romain et Prévost n'étant point encore placés sous des mandats d'amener, durent rester jusqu'au matin à Belle-Cour; cependant ils jugèrent prudent de quitter cette habitation aussitôt qu'ils eurent connaissance de l'arrivée de Son Altesse Royale à sa destination.

L'auteur de ces notes croit devoir entrer dans quelques explications sur l'arrestation du fidèle Corniet, ce type du Vendéen, qui, sous des dehors simples, cache un sens droit, un cœur qui grandit au milieu des difficultés.

Arrêté à une lieue et demie de Nantes, il fut

conduit sur-le-champ dans cette ville, où il eut
à subir un long interrogatoire : il répondit avec
simplicité qu'il ne connaissait point le proprié-
taire des effets saisis; qu'un domestique, en lui
glissant de l'argent dans la main, lui avait demandé s'il consentirait à porter un paquet sur
la lande de Généton, et à s'y trouver à onze
heures précises ; il répéta alors le signal qu'il
avait été convenu de faire. L'autorité crut le
prendre dans ses propres filets, et lui dit qu'il
aurait à se rendre sur la lande de Généton, et
à exécuter à la lettre les conditions qui avaient
été réglées ; il partit escorté de trente gendarmes. Ainsi, Corniet sauva probablement MA-
DAME, en détournant la force armée de se porter directement à Belle-Cour.

Reconnaissons que la perspicacité est un don
que la nature seule donne à l'homme ; car il est
certain que la société, qui perfectionne tout,
ne peut rien produire de plus complet que
cette organisation primitive. Eh bien, en Vendée, vous trouverez beaucoup de ces intelligences. Quand l'adresse se joint au courage,
elle élève bien haut les facultés de l'homme.

Le brave Corniet, le sacristain de Montbert,
disait à M. de Charette, peu de temps après
son élargissement : « Général, pourquoi ne

« m'avoir pas dit que je travaillais pour notre
« bonne duchesse ? j'aurais encore mieux prié
« le bon Dieu de me donner la force de ré-
« pondre courageusement à ces grands mes-
« sieurs, qui du reste ne m'ont pas fait peur. »

Ainsi le Vendéen a toujours recours à Dieu,
et mesure les ressources de son intelligence sur
l'importance de la mission qui lui est confiée.

Vous avez eu raison de le dire, M. Berryer,
« . . . . . avec un tel peuple, on peut espérer
soulever des montagnes. »

Un nouveau péril succédait à celui que la
présence d'esprit de Corniet avait écarté.

Partis à dix heures du soir de Belle-Cour,
MADAME et ses compagnons de fatigues et de
dangers, durent passer quelques minutes avant
onze heures sur cette même lande, où la gendarmerie, qui accompagnait le sacristain, venait tendre son embuscade. Peut-être la troupe
y était-elle déjà, peut-être aussi que la petite
caravane passa non loin d'elle, que la pluie
qui tombait par torrens, le vent qui soufflait
avec violence empêchèrent seuls les gendarmes
de s'apercevoir de son passage.

Quand on pense que la moindre résistance
eût amené infailliblement la perte de Son Altesse Royale, qui eût été massacrée dans l'obs-

curité, le sang se glace dans les veines. Le baron de Charette marchait ordinairement armé d'une espingole ; M. de Monti de Rezé était également armé ; ignorant le nombre de leurs adversaires, ils auraient voulu défendre MADAME, et l'eussent entraînée dans leur perte.

Son Altesse Royale arriva enfin au terme de sa course. Elle était fatiguée, car elle avait suivi des chemins presque impraticables ; souvent les ronces et les épines avaient déchiré ses membres délicats.

A minuit passé, le guide frappa à la porte de la chaumière vendéenne, et demanda l'hospitalité au fidèle Deniaud : elle fut aussitôt accordée ; car le Vendéen ne sait jamais fermer sa demeure au proscrit ou au malheureux.

La famille de Deniaud est nombreuse ; il voulait faire lever ses enfans, et demandait avec instance qu'on acceptât leurs lits. MADAME s'y refusa.

C'était un spectacle touchant de voir l'ancien soldat de Charette causant familièrement avec MADAME ; il lui disait : « Mon petit monsieur, « vous êtes chez moi, il faut m'obéir, il faut « acccepter mon lit. » Et S. A. R. serrait avec attendrissement les mains durcies du paysan ; elle ne lui demandait qu'un peu de paille pour se reposer.

Ce débat entre le Vendéen hospitalier et la petite-fille de Henri IV, avait éveillé les nombreux habitans de la chaumière; de tous les côtés, entre les rideaux mal joints, apparaissaient des figures où se peignaient tour-à-tour la curiosité et l'inquiétude. M. de Mesnard, fatigué par suite de la route qu'il venait de faire, était assis sur un grand coffre; debout derrière MADAME, se tenaient le baron de Charette et Edouard; ils contemplaient en silence, avec des yeux baignés de larmes, cette scène qu'éclairait à peine la lueur vacillante de la résine du foyer.

Enfin il fallut céder aux volontés de MADAME; le bon fermier la conduisit, ainsi que ses compagnons, dans son étable. Là, sans draps, sans couverture, sur un peu de paille, reposa la fille des rois.

Une barrique, quelques planches pourries, séparaient la princesse des bestiaux de la ferme. Le bâtiment qu'elle occupait était une espèce de masure, qui abritait imparfaitement les fourrages du fermier. A quatre heures du matin, on vint traire les vaches; le bruit que fit la porte en roulant sur ses gonds rouillés, éveilla MADAME; elle se leva en disant qu'elle avait parfaitement dormi; elle accepta avec plaisir du lait que vint lui offrir la paysanne. La fraîcheur de la rosée, que les trouées du toit laissaient pénétrer, causa à la courageuse mère de Henri de France un froid très vif ; elle regagna au plus vîte son lit de paille, puis ses compagnons l'abritèrent le mieux qu'il leur fut possible ; elle dormit jusqu'à huit heures.

Le jour se passa presque gaiement ; MADAME soutenait le courage de ses amis ; elle mangea avec appétit quelques œufs durs, du pain noir, et la fameuse soupe aux choux verts, nourriture particulière du pays ; tels étaient les mets que supportait une table improvisée par une barrique placée debout sur un de ses fonds ; faute d'assiettes, il fallut manger à la gamelle. Les enfans vinrent plusieurs fois visiter les proscrits ; MADAME riait avec les jeunes filles, et souvent on les entendit dire à leur père : « Mon Dieu ! que ce petit monsieur-là est bon ! »

Les personnes qui liront ces détails, croiront sans doute que les jours de MADAME étaient d'autant plus exposés, qu'un grand nombre d'enfans avaient connaissance du lieu qu'elle occupait. Leur père s'était borné à leur dire : « Mes enfans, ce sont des chouans. » Le noble paysan n'en savait pas davantage lui même, il n'avait rien demandé au guide, et le guide ne lui avait rien dit.

Bons habitans de la Chaimare, vous avez donné l'hospitalité à la mère de Henri de France, jouissez - en en silence : mais un jour viendra où vous pourrez montrer avec orgueil le lieu où reposa la bonne duchesse.

Le baron de Charette fit prier M. de la Roberie fils de venir le joindre à la Chaimare. Avant qu'il y fût arrivé, M. le Romain, qui avait quitté MADAME à Belle-Cour, revint auprès d'elle ; il était chargé de lui remettre une lettre fort importante, qui lui annonçait que M. le maréchal de Bourmont était arrivé le 17 à Angers, qu'il serait le lendemain à Nantes. Son Altesse Royale ne perdit pas une minute ; elle écrivit au maréchal pour lui dire de se rendre sur le champ auprès d'elle.

M. de Monti partit tout de suite pour Nantes, porteur de la lettre de Son Altesse Royale.

M. Hyacinthe de la Roberie arriva sur ces entrefaites ; il ignorait encore la présence de MADAME en Vendée ; aussi sa surprise fut-elle grande quand le baron de Charette le présenta à Son Altesse Royale ; il se crut sans doute sous l'empire d'un songe ; MADAME sut le ramener doucement, et par des paroles pleines de bonté, à la réalité.

Il fut décidé qu'à la nuit tombante, MADAME

quitterait la demeure du fidèle Vendéen, pour se diriger sur Louvardière, ancienne demeure des la Roberie, ces intrépides lieutenans de Charette.

Son Altesse Royale n'y arriva que fort avant dans la nuit du 18 au 19, bien que la distance ne fût pas considérable ; mais les accidens du terrain sont si multipliés, les précautions que devaient prendre les guides si minutieuses, qu'ils entravèrent naturellement la marche de Son Altesse Royale ; MADAME passa plusieurs parties marécageuses du pays, avec l'aide du bras de M. de la Roberie, ou portée par le noble Vendéen.

Vers le milieu du jour, M. de la Roberie père se rendit auprès de Son Altesse Royale. MADAME fit au vétéran de la Vendée l'accueil le plus flatteur. « Vos services, » lui dit-elle, « ont été trop long-temps méconnus, il appar-« tenait à Marie-Caroline de venir les récom-« penser.... De ce jour, monsieur, vous êtes « maréchal-de-camp au service de mon fils.... » Puis elle ajouta avec une grâce parfaite : « Je « sais que vous avez un fils de l'âge de mon « Henri, je veux qu'il soit mon page. »

Mesdemoiselles Pauline et Sophie de la Roberie étaient présentes ; leurs larmes témoignaient assez combien elles étaient touchées de tant de bonté.

La nuit étant arrivée, il fallut songer au départ. Son Altesse Royale devait se porter au centre des opérations du 3e corps, non loin du lieu où le rassemblement devait s'effectuer. MADAME monta à cheval derrière M. Hyacinte de la Roberie; M. de Charette partit à pied quelques instans après, afin de ne pas attirer l'attention des nombreux détachemens qui occupaient ces contrées. Nul doute que la vue de plusieurs personnes voyageant de nuit, n'eût fait naître tout au moins des appréhensions; il fallait à tout prix les éviter. MADAME, en croupe derrière M. de la Roberie, que les troupes avaient l'habitude de voir chaque jour, ne pouvait éveiller aucun soupçon. Son Altesse Royale avait à éviter, pour arriver chez M. Goïzel, beau-frère de M. de la Roberie, les cantonnemens de Saint-Philbert, de la Limousinière, de Saint-Colombin, et les deux brigades de gendarmerie de Pont-James; elle parvint à sa destination sur les dix heures et demie.

Le peu d'heures que Son Altesse Royale passa au Magazin, fut pour elle une véritable bonne fortune; elle fut entourée de ces soins délicats que les femmes seules savent prodiguer. Madame Goïzel montrait par ses paroles, par ses actions, combien elle était heureuse de posséder la mère de Henri de France ; son mari et son fils partageaient son émotion et son bonheur. Elle séjourna au Magazin pendant vingt-quatre heures, et elle ne partit pour le Meslier que le 20 au soir.

L'habitation de M. Goïzel, située près de Saint-Etienne de Corcoué, n'est séparée de la route de Nantes à Bourbon par Legé, que par une prairie de moyenne grandeur ; elle est en vue, et à gauche de la route, en se rendant à Bourbon-Vendée.

Il y avait peu de momens que MADAME reposait, lorsque M. de Monti de Rezé arriva au Magazin, accompagné de M. Guibourg : ils venaient annoncer à Son Altesse Royale l'arrivée à Nantes du maréchal, à qui la prudence n'avait pas permis sans doute de se rendre immédiatement aux ordres de Son Altesse Royale. M. de Rezé apportait aussi au baron de Charette l'ordre du soulèvement pour le 24 mai, signé du comte Charles d'Autichamp.

Copie de l'ordre.

« Monsieur le général,

« MADAME, qui est arrivée dans la Vendée, a transmis l'ordre à toutes les provinces fidèles de l'Ouest et du Midi, de prendre les armes le 24 de ce mois. Tous les royalistes de France en sont prévenus, et doivent agir en conséquence.

« En donnant cet ordre au corps que vous commandez, vous ferez sentir aux braves Vendéens la confiance que doit leur inspirer la présence parmi nous d'une princesse qui a échappé comme par miracle aux recherches de ses ennemis. Dieu l'a protégée, il nous protégera sûrement aussi; car c'est pour sa sainte cause que nous allons combattre.

« MADAME me charge d'appeler particulièrement votre attention sur l'armée; elle peut assurer nos succès : c'est donc un devoir d'employer vis-à-vis d'elle tous les moyens de suggestion possibles; vous aurez donc soin de répandre les proclamations et les ordonnances de Son Altesse Royale; vous ne vous porterez à des voies de fait contre les troupes, qu'après avoir employé tous les moyens de conciliation : telles sont les volontés positives de MADAME. D'après cela, il ne peut être question que de l'enlèvement des détachemens, ou des hommes isolés qui ne devront pas faire de résistance.

« Vous ferez prendre les armes dans la nuit du 23 au 24 de ce mois; vous réunirez de suite vos divisions pour être en mesure d'agir suivant les circonstances; vous me rendrez compte de suite du résultat de vos premières opérations; vous ne négligerez pas d'assurer votre approvisionnement de vivres.

« *Signé* le comte Charles D'AUTICHAMP. »

Dans la journée du 20, que Son Altesse Royale passa au Magazin, elle fit venir près d'elle le prieur de Saint-Etienne de Corcoué; il dîna avec MADAME. M. Pineau est un de ces prêtres vendéens dont le zèle et le dévouement ne connaissent de bornes, qu'autant que leur sacré ministère leur en impose. Homme de cœur et de sang-froid, il est doué d'un esprit juste, incisif : son caractère ferme et décidé ne se laisse point abattre. Il est ami sincère. MADAME, si bon juge en pareille matière, sut apprécier son mérite; elle lui témoigna combien elle mettait de prix à le connaître : depuis ce temps, elle a toujours pensé au curé Pineau, et lui a écrit souvent; elle aime à vivre, au moins par la pensée, au milieu de ses amis.

MADAME fit encore venir auprès d'elle M. de la Roche Saint-André, et lui demanda l'hospitalité pour quelques jours au Meslier. M. de la

Roche Saint-André fut heureux de pouvoir mettre cette habitation à la disposition de la princesse. Il fut convenu que MADAME partirait du Magazin à neuf heures du soir, montée en croupe derrière l'homme de confiance du prieur Pineau, le fidèle Simaillot. M. de Mesnard devait suivre Son Altesse Royale ; sur un point convenu, M. de la Roche - Saint - André devait se trouver avec un nouveau guide, le meunier Sorin, et conduire enfin MADAME au Meslier. Tout s'exécuta comme il avait été dit, et MADAME arriva, sans rencontre fâcheuse, au Meslier dans la nuit du 20 au 21. Le baron de Charette avait été forcé de quitter Son Altesse Royale pour aller prendre quelques dispositions dernières, relatives au soulèvement de son corps d'armée.

Le Meslier est situé dans la commune de Legé, à une lieue de ce bourg, à pareille distance de la Roche-Servière et du Luc. Dans tous ces villages, il y avait garnison ; mais cette petite maison, non habitée par ses maîtres, est si retirée, qu'elle n'avait jamais attiré l'attention de l'autorité : MM. de Charette, de Puysieux et de Rezé l'avaient souvent occupée.

Le chemin de Roche-Servière à Legé passe en avant et à une bonne demi-lieue du Meslier.

A pareille distance se trouve, aussi en arrière, le chemin de la Roche-Servière au Luc.

Le Meslier n'est habité, par M. de la Roche Saint-André, qu'à l'époque des vendanges. Deux paysans nommés, l'un *Ploquin* et l'autre *Charlot*, et une fille de basse-cour du nom de *Rosette*, en sont les gardiens ordinaires. C'est le plus modeste de tous les pied-à-terre. Une petite chambre avec alcôve, deux greniers, voilà de quoi se composent les appartemens d'en-haut ; le bas est occupé par les deux paysans et la fille de basse-cour. L'on monte au premier par un escalier non couvert, construit en-dehors de l'habitation, et donnant sur une cour fermée ; de l'autre côté se trouve le jardin, qui n'est point entouré de murs ; plus loin, une grande vigne est terminée par l'horizon couvert du pays : un chemin privé conduit au Meslier.

Pour l'intelligence et l'enchaînement des faits, nous quitterons un instant MADAME pour suivre le commandant du 3e corps. Au moment où Son Altesse Royale arrivait au Meslier, il se rendait chez M. de la Roberie, pour prendre avec cet officier-général les dernières dispositions propres au soulèvement. Il passa ensuite chez M. Auguste de La Haye, où il reçut le 22, à dix heures du matin, une déclaration signée par cinq chefs de division : MM. de Jasson, de Goulaine, Le Magnan de l'Ecorce et Victor de Cornullier, agissant au nom de M. de Nac-quart. M. Louis de Cornullier n'avait pas cru pouvoir adhérer entièrement à cet exposé ; il avait établi ses réserves, s'engageant à prendre les armes avec toutes les personnes déjà com-promises de sa division.

Déclaration.

« Lagrange, le 22 mai 1832.

« Les officiers du 3ᵉ corps se sont cru obli-gés de déclarer franchement à Son Altesse Royale que les causes qui pouvaient donner chance aux évènemens de la Vendée n'existaient pas ; ils ne peuvent se flatter d'opérer un soulè-vement utile. La mauvaise disposition des es-prits, depuis la tentative échouée dans le Midi, ne nous permet plus d'espérer de succès.

« Quelques personnes étrangères au pays manifestent seules une opinion contraire à la nôtre ; elles sont tombées dans l'erreur en as-surant à Son Altesse Royale que sa présence dans l'Ouest pourrait y faire naître un soulè-vement général et spontané ; elles veulent expier par un beau dévouement personnel, la faute d'avoir appelé une courageuse princesse qui doit voir aujourd'hui combien ses conseillers se sont trompés.

« Quand il n'y a encore de fait qu'une faute réparable, pouvons-nous hésiter, nous, habitans du pays, à conseiller franchement d'ajourner, jusqu'à de nouvelles chances, une tentative qui n'offre aujourd'hui que des malheurs pour la cause, et pour une princesse que nous ne pouvons défendre qu'avec nos faibles moyens personnels. Nous nous faisons un devoir de faire à Son Altesse Royale une déclaration pénible pour nos cœurs. »

Suivent les signatures.

Immédiatement après avoir pris connaissance de cette déclaration, le baron de Charette envoya auprès des signataires M. Auguste de La Haye, afin de leur représenter l'inopportunité d'une pareille démarche. M. de La Haye ayant échoué dans sa mission, le commandant du 3ᵉ corps se disposa à retourner auprès de MADAME, afin de prendre ses ordres.

Arrivé au château de la Grange, il apprit que M. Berryer se rendait auprès de Son Altesse

Royale. Il arriva presque en même temps que lui au Meslier.

L'illustre orateur s'était chargé de porter à Son Altesse Royale le contre-ordre que le maréchal avait cru devoir donner aux provinces de l'Ouest. Mais la principale mission de M. Berryer était de remettre à Son Altesse Royale une note du Comité de Paris, qui l'engageait à quitter la France, et à ordonner aux chefs de remettre l'épée dans le fourreau.

Cette pièce, dont la lecture fit tant d'impression sur l'infortunée princesse, n'était pas signée. La remettant à M. Berryer avec une expression tout à la fois de douleur, de dignité et de mécontentement, elle dit : « Je suis éton- « née que ce soit vous, Monsieur, qui vous « soyez chargé d'une pareille mission ! » Comme le grand orateur se défendait d'avoir pris part à la rédaction de cette lettre, MADAME, emportée par la vivacité de ses impressions, sous le poids de la juste douleur que lui faisait éprouver le contre-ordre, trouvant dans cette note un refus de concours, répondit, d'une voix altérée par l'agitation qui la dévorait : « Monsieur, quand on se charge d'un pareil « message, on peut bien en être l'auteur. Retour- « nez auprès de ceux qui vous ont envoyé, dites-

« leur que la régente de France ne peut faire
« droit à une demande qui n'a reçu aucune si-
« gnature. » M. Berryer garda un respectueux
silence, qui donna à MADAME le temps de se
remettre de son agitation. Dominant alors ses
sentimens, elle dit qu'elle n'était venue en
France qu'appelée par les royalistes influens,
qui lui promettaient le concours de tous les
amis de l'ordre et de la légitimité : elle répéta
ce qui a été dit plus haut au sujet des puissances étrangères et des différens corps de l'Etat
où elle entretenait des intelligences. Elle ajouta:
« Mes amis de Paris ne peuvent connaître l'état
de ce pays ; ils ne le savent que par des personnes opposées au mouvement. Croyez-moi,
monsieur Berryer, ce n'est pas à cent lieues que
l'on peut juger de l'opportunité d'un soulèvement. Les choses se fussent mieux passées dans
les premières guerres, si Paris n'eût pas toujours
voulu donner une direction aux provinces de
l'Ouest. Voyez-vous, monsieur Berryer, l'exemple du duc de Bourbon est toujours devant mes
yeux. Si, en 1815, il n'eût consulté que son grand
courage et celui de la majeure partie de ses
amis; si, en un mot, il se fût mis à la tête de la
Vendée, au lieu de prêter l'oreille à cette politique menteuse dont on entoure sans cesse les

princes, bien des malheurs eussent été évités, de funestes divisions ne se fussent pas mises parmi les chefs, et la France n'eût pas vu une seconde invasion. Savez-vous ce qu'il en coûterait à cette France, si les alliés y rentraient une troisième fois ? Son partage sans doute. A cette pensée, tout mon sang de Française et de mère se révolte ; et je vous donne ma parole que jamais mon fils ne régnera, s'il devait acheter le trône de France par la cession d'une province, d'une forteresse, d'une maison, d'une chaumière comme celle où la régente de France vous reçoit en ce moment! »

MADAME parla ensuite longuement des institutions qu'elle comptait donner à la France. Elle dit avec entraînement et dignité : « Je veux que le trône de mon fils, relevé aujourd'hui, ne croule pas demain. Je veux que la France soit libre, forte, qu'elle ait des alliances, et non des maîtres!.... Je veux surtout que son peuple soit heureux ! »

Il y eut un moment de silence. M. Berryer chercha alors à faire envisager à MADAME la facilité que le contre-ordre lui offrait pour sortir de France, sans compromettre ses amis et sa personne.

Elle répondit qu'une fois qu'elle aurait quitté

son pays, elle ne le reverrait plus. Elle cite l'exemple d'un des membres de sa famille, qui, en vue de cette terre sacrée, ne put jamais l'aborder, tant la politique anglaise, et peut-être aussi trop d'intérêts privés, apportèrent de difficultés à cette entreprise. Elle dit encore qu'on aurait raison de traiter d'équipée sa course périlleuse, si elle ne donnait pas suite à ses desseins ; que ses ennemis servaient merveilleusement ses projets en laissant les troupes aussi disséminées qu'elles l'étaient. Elle expliqua alors avec précision la facilité que les royalistes trouveraient à enlever des militaires couchant isolés dans chaque ferme, et qui, oublieux de leur sûreté, laissaient, après la patrouille faite, leurs fusils et leurs armes dans l'âtre de la cheminée ; elle ajouta qu'elle était décidée, bien que le contre-ordre pût paralyser les moyens d'action, à en appeler à Dieu de la justice de sa cause ; qu'elle allait donner l'ordre au maréchal de se rendre auprès d'elle ; et comme si ces paroles animées eussent épuisé ses forces, elle cessa de parler, et, par son attitude, commanda le silence.

Cependant le jour approchait. M. Berryer fit un nouvel effort qui lui valut la victoire. MADAME céda tout-à-coup, et ordonna à M. de

Charette de faire préparer des chevaux pour le lendemain matin : MADAME consentait à se rendre à Nantes, et de là sur les côtes de Bretagne, où un vaisseau devait la prendre à son bord : Son Altesse Royale eût voyagé sous le nom du fils de M. Berryer, et munie de son passeport.

Il fut convenu que la princesse rejoindrait MM. Berryer et de Charette au Magazin, chez M. Goïzel; elle devait monter à cheval, assise sur des sacs de blé, et conduite par le meunier Sorin, qui avait ordre de marcher à ses côtés.

Jusqu'au moment où MADAME eut pris une décision, le baron de Charette garda un respectueux silence : il demanda alors à Son Altesse Royale la permission de lui soumettre une réflexion. Il lui conseilla, avant de quitter la France, de réunir soit à Nantes, soit sur tout autre point qui lui conviendrait, les principaux chefs de l'Ouest, de leur expliquer les motifs qui la forçaient à s'éloigner de ses amis. C'était, selon lui, le meilleur moyen de connaître les véritables ressources qu'elle laissait dans le pays, de les comparer avec celles qui étaient exprimées dans les rapports précédens. Son Altesse Royale adhéra complètement à cette proposition, et il

fut convenu qu'elle donnerait l'ordre aux généraux vendéens et bretons de se réunir auprès
d'elle à Nantes.

Toutes ces dispositions ayant été arrêtées,
MM. Berryer et de Charette songèrent à quitter
Son Altesse Royale. Le commandant du 3ᵉ
corps avait tout au plus le temps nécessaire pour
faire parvenir à ses chefs de division, avant la
nuit du 23 au 24, le contre-ordre qui ajournait
l'insurrection. Ce fut dans le trajet du Meslier
chez le marquis de Goulaine, où la correspondance du 3ᵉ corps était établie, que M. Berryer,
placé sous l'impression de cette nuit, où des intérêts si puissans avaient été discutés, s'écria :
« Il y a dans la tête et le cœur de cette princesse de quoi faire vingt rois! » En effet, M. Berryer ne pouvait rester insensible à ce génie qui
se révélait à lui peut-être pour la première fois.
Qui n'a connu MADAME que dans le palais des
rois, ne peut avoir une idée de la puissance
de sa parole et de la solide élévation de sa
pensée.

M. de Charette ayant expédié le contre-
ordre, quitta la Grange en même temps que
M. Berryer; ils devaient, comme on l'a dit
plus haut, retrouver Son Altesse Royale au
Magazin : ils furent obligés de prendre des

chemins différens ; car l'un voyageait ostensi-
blement, tandis que l'autre était obligé d'é-
viter même les regards des indiscrets. M. de
Goyon voulut bien servir de guide au baron de
Charette jusqu'au Magazin, où il retrouva
M. Berryer ; mais MADAME n'était pas encore
arrivée, puis les heures se succédèrent sans
que personne pût deviner les causes de ce
retard. Tous les habitans du Magazin avaient
devant les yeux la crainte des plus affreux
malheurs ; car malgré le déguisement de Son
Altesse Royale, elle n'était pas méconnaissable.
Ce furent des heures de cruelles angoises, que
celles qu'il fallut dévorer jusqu'au moment où
l'on apprit que Son Altesse Royale s'était
décidée à rester au Meslier.

Nous pourrions, en alongeant ces récits,
donner à la situation plus d'intérêt ; les per-
sonnages y gagneraient peut-être, mais nous
avons voulu nous borner à donner le profil
de ces évènemens : nous avons raconté,
comme nous continuerons à le faire, sans
commentaires, les principaux détails de ce
drame.

Environ sur les six heures du soir, le meunier Sorin, ce fidèle Vendéen qui devait servir de guide à Son Altesse Royale, remettait

au commandant du 3ᵉ corps la lettre suivante :

« Meslier, le 23 mai.

« Mon cher Charette, je reste parmi vous.
J'écris à Berryer ma détermination ; l'autre
lettre est pour le maréchal; je lui donne
l'ordre de se rendre immédiatement auprès de
moi.

« Je reste, attendu que ma présence a compromis un grand nombre de mes fidèles
serviteurs ; il y aurait lâcheté à moi à les abandonner : d'ailleurs j'espère que, malgré le malheureux contre-ordre, Dieu nous donnera la
victoire.

« Adieu, mon cher ami, ne donnez pas
votre démission, puisque Petit-Pierre ne donne
pas la sienne.

« MARIE-CAROLINE. »

MADAME donna l'ordre en outre à M. de
Charette d'envoyer un officier auprès du maréchal, afin de lui servir de guide. M. de
Puysieux partit avec M. Berryer; ils arrivèrent fort tard à Nantes, et, le surlendemain,
le comte de Bourmont dut quitter cette ville

pour retrouver Son Altesse Royale au Meslier.

La maison de madame Billou servait alors
d'asile au maréchal. Dans ces jours de tribu-
lation et d'anxiété, elle fut toujours ouverte aux
proscrits. Honneur soit rendue à cette noble
famille, qui prodigua son or à la cause sainte,
et donna ses soins généreux aux défenseurs de
la légitimité. Outre ces preuves si multipliées de
fidélité, le jeune Billou, à peine âgé de dix-
huit ans, se trouvait à l'affaire du Chêne, dans
la compagnie nantaise.

L'auteur de ces notes regrette que le cadre
étroit qu'il s'est tracé, ne lui permette pas de
parler des preuves incalculables de dévouement
qui se sont rencontrées dans la classe intermé-
diaire de la société. C'est là, ou dans la chaumière du pauvre, qu'il faut en général chercher
les sentimens généreux. Il ne peut cependant
passer sous silence les noms de Marie Boissy et
de Charlotte Moreau, ces types de fidélité,
ainsi que celui de madame Chauffard, accusée
d'avoir reçu la correspondance de Son Altesse
Royale. Elle resta huit mois en prison; on
employa vainement tous les moyens pour obtenir d'elle quelques renseignemens : menaces,
prières, tout fut inutile.

Le maréchal sortit de la maison de madame Billou, donnant le bras à l'une de ses parentes. Une voiture avait ordre de l'attendre sur le port au vin : lorsqu'il y arriva, elle n'y était pas encore; ce retard était fâcheux, et compromettait davantage la sûreté de l'illustre proscrit.

Elle arriva quelque temps après ; le maréchal y monta, et l'on indiqua au cocher la maison de campagne de M. Robineau, qui se trouve environ à deux lieues de Nantes, sur la route de Machecoul. La couleur politique à laquelle appartient M. Robineau, devait écarter tout soupçon. Le poste du pont de Pirmil fut franchi sans difficulté. Le maréchal, après beaucoup de dangers, de fatigues, arriva auprès de Son Altesse Royale, qui l'attendait au Meslier. M. de Puysieux, comme on l'a dit, accompagnait le comte de Bourmont.

Pour suivre la marche des évènemens, et n'omettre aucun des détails de la vie de MADAME en Vendée, il est nécessaire de jeter un regard en arrière. La lettre de Son Altesse Royale à M. de Charette, dut naturellement le ramener auprès d'elle. Il ne pouvait plus être question de démission, du moment où MADAME voulait en appeler aux armes. Il répondit en très-peu de mots, par le meunier Sorin, à l'auguste mère de Henri de France, et arriva au Meslier dans la nuit du 23 au 24, peu de temps après son messager. MADAME écrivait encore lorsqu'il entra dans son appartement. Elle disait à ses amis qu'elle aimait mieux mourir sur cette noble terre, que d'accepter pour elle et pour sa famille la fin des Stuarts; qu'elle était résolue à poursuivre ses desseins, à partager, en un mot, la fortune de ceux dont elle avait compromis les intérêts et l'existence. Toute la journée du lendemain fut encore employée par elle aux soins de sa nombreuse correspondance : un épisode, qui n'eut pas de suite fâcheuse, vint l'enlever le jour suivant à ses occupations. MM. de Goulaine et de la Roche-Saint-André ayant remarqué un mouvement de troupes inaccoutumé dans la petite garnison de la Roche-Servière, crurent que les jours de MADAME pouvaient être menacés. En consequence, ils envoyèrent M. de Goyon en toute hâte prévenir MADAME qu'elle courait quelques dangers. Son Altesse Royale se refusa à quitter le Meslier en plein jour : elle disait avec raison, qu'étrangère au pays, elle attirerait trop facilement l'attention des habitans. La nuit étant arrivée, Son Altesse Royale se décida à quitter le Meslier, au moins momentanément, car elle désirait

ne pas s'éloigner de ce lieu, où elle avait donné
rendez-vous au maréchal. M. de Charette fit
alors venir près de lui un paysan nommé
Moinard, qui plus d'une fois lui avait servi de
guide; il lui dit de le conduire, ainsi que les
personnes qui l'accompagnaient, dans un lieu
sûr. Moinard ayant indiqué la maison de son
frère, on se mit en route sans plus tarder. Il y
avait environ une lieue du Meslier à la demeure
des Moinard, mais les chemins étaient difficiles, aussi fallut-il plusieurs heures pour les parcourir. Les aboiemens répétés des chiens dans
les villages où MADAME était obligée de passer,
firent croire plus d'une fois qu'ils étaient tra-
versés par des patrouilles. Il fallut s'arrêter souvent. Alors le guide se portait en avant, éclairait la marche, et reparaissant comme une
ombre, faisait signe de le suivre, ou semblait
par son geste commander le plus profond silence. Jamais MADAME ne manifesta la moindre
crainte; toutes les angoisses étaient pour ceux
qui se croyaient responsables des jours de Son
Altesse Royale, durant son séjour dans les
champs de la Vendée.

Enfin la courageuse mère de Henri parvint à
l'habitation des Moinard à une heure assez
avancée de la nuit. Là, comme à la Chaimare,

chez le fidèle Déniau, les habitans de la chaumière voulurent faire accepter leurs lits aux
voyageurs ; mais MADAME sut leur faire comprendre que ce ne serait pas prudent, à cause
des gens du dehors qui pourraient entrer inopinément. Il fut convenu alors qu'elle couche-
rait sur un peu de paille dans le grenier.

Pendant la journée du lendemain, les habitans de la ferme vinrent souvent visiter MADAME.
C'était un jeune ménage uni depuis quinze ou
dix-huit mois : ils avaient un enfant que la jeune
mère, au visage frais et vermeil, tenait dans ses
bras. Son Altesse Royale, toujours sous l'habit
d'un demi-paysan, jouait avec l'enfant, regardait la mère avec intérêt, s'extasiait sur la blancheur de sa peau, la beauté de ses dents, ce
qui parfois semblait inquiéter le mari.

M. de la Roche Saint-André ayant fait prévenir que le mouvement de troupes qu'on avait
remarqué avait été occasionné par la présence
de quelques réfractaires, MADAME revint au
Meslier.

On a eu occasion de parler de l'étonnant
sang-froid et de la perspicacité vendéennes ;
la discrétion est aussi une des vertus de ce
peuple.

Le même guide qui avait conduit MADAME

dans la ferme où elle venait de passer la nuit, devait la reconduire au Meslier : il se fit accompagner par son frère, afin d'éclairer la route de Roche - Servière à Legé, qu'il fallait traverser : une fois ce passage franchi, Moinard renvoya son frère, en lui donnant le change sur la route que devait suivre MADAME. Comme M. de Charette lui demandait l'explication de cette conduite, il lui répondit simplement, que puisqu'il était inutile que son frère sût où MADAME et ses compagnons passaient la nuit, il aimait mieux le lui laisser ignorer ; et cependant, ce frère lui avait inspiré assez de confiance pour qu'il crût MADAME en sûreté sous son toit.

MADAME trouva, en arrivant au Meslier, Mlle Eulalie de Kersabiec, qu'elle attendait depuis long-temps, et que mille circonstances imprévues avaient empêchée de rejoindre Son Altesse Royale.

Nos lecteurs voudront bien dorénavant reconnaître Mlle Eulalie sous le nom de *Petit-Paul,* que MADAME lui donna, par analogie à celui de *Petit-Pierre,* qu'elle avait choisi pour elle-même.

Il est temps de revenir au maréchal, que le lecteur a laissé se dirigeant sur le Meslier.

On ne pouvait se dissimuler que le contre-ordre n'eût porté dans les esprits une impression très-vive, et ne se fût fait sentir particulièrement dans les campagnes, où il régna au premier moment un grand découragement. A ces sentimens vinrent se joindre les nouvelles fâcheuses qui bientôt circulèrent de bouche en bouche. Quelques divisions de la Bretagne, du Maine et du Poitou, avaient pris les armes, faute d'avoir reçu le contre-ordre ; elles durent bientôt être écrasées par le nombre. Ainsi la belle division de Vitré, commandée par M. de Courson de la Belle-Issue, s'était vue forcée de se disperser, après deux combats opiniâtres et successifs. Son chef avait été blessé. Dans le Maine, le comte de Pontfarcy, commandant supérieur de cette province, avait pris les armes, ainsi que plusieurs de ses officiers, entr'autres MM. de Tilly, Bouteloup, de Bordigné et le brave Gaulier (1), dont la division éprouva le même sort que celle de M. de Courson dans la Bretagne ; elle avait même entraîné dans sa retraite le baron Clouet, général en chef de la rive droite de la Loire.

Quoiqu'il n'entre pas dans notre habitude

---

(1) M. Gaulier est le fils du fameux chef de chouans surnommé *le Grand-Pierre*.

de rendre compte de détails que nous n'avons pas eu sous les yeux, on nous pardonnera de donner connaissance d'un fait d'armes peu connu, et qui fait autant d'honneur aux soldats qu'au chef objet de ce noble dévouement.

A l'époque où l'insurrection devait éclater, le 24 mai, le général Clouet était fort souffrant. Craignant cependant que le contre-ordre n'arrivât pas à temps à la division de M. Gaulier, il se mit en route pour le lui porter. Au moment où il arrivait, la fusillade commençait ; il s'y précipita avec sa valeur accoutumée ; mais bientôt ses forces trahissant son courage, il serait tombé au pouvoir de l'ennemi, si MM. Gaulier et de Beurnouilli, dont la colonne venait d'être coupée, ne se fussent dévoués pour lui avec quatorze de leurs soldats. Soutenant les pas de leur général, et profitant habilement de tous les accidens de terrain, ils tinrent en échec, pendant plus de cinq heures, une colonne forte de quatre à cinq cents hommes. Ils se retiraient en regardant fièrement l'ennemi, opposant le courage à la force numérique. L'adresse était de leur côté ; chaque balle allait à son but. Ce fut ainsi qu'ils parvinrent jusqu'au village de Saint-Charles. Là quelques coups de fusils se firent encore entendre. Ils partaient des rangs des Vendéens : ce furent les derniers. La troupe, fatiguée, avait cessé de les poursuivre. Le général était en sûreté, et heureux de penser que pas un de ses nobles compagnons n'était resté sur le terrain. Ils se comptèrent, aucun ne manquait à l'appel.

Dans le haut Poitou, aujourd'hui département des Deux-Sèvres, l'arrondissement de Bressuire avait vu naître un commencement d'exécution, qui fut aussitôt comprimé. Quelques officiers s'étaient montrés en armes le 23, et avaient ainsi attiré l'attention de l'ennemi.

Dans le 3e corps, M. le chevalier Benjamin de Mesnard, chef de division du champ Saint-Père et de Luçon, se rendait dans les environs de Fontenay pour former ses premiers rassemblemens. Il était accompagné de quelques officiers, lorsque le poste du port la Claye fit feu sur eux. Quelques-uns furent blessés.

Ainsi, sur tous les points où le contre-ordre arriva trop tard, il eut des effets désastreux.

Quelques arrestations eurent aussi lieu dans le 3e corps. M. Joseph de Bascher, ancien officier de la garde, brave, intelligent, possédant toute la confiance de M. de Charette, fut arrêté avec le second de la division de Vallette,

M. le comte de Rey. Sur un autre point, le chef de la division de Palluau, M. de Martray, ainsi que l'infortuné Menuet, se virent enlever; Menuet, cet homme de probité et d'honneur, que le gouvernement a choisi plus tard pour victime de sa politique (1). Dans l'Anjou, quelques officiers avaient été aussi arrêtés.

Telle était la situation au moment où le maréchal arriva au Meslier. Ces considérations devaient-elles dominer la question? Etaient-elles suffisantes pour enlever à MADAME tout espoir de reconquérir par les armes le trône de son fils? Son Altesse Royale et le maréchal pensèrent sans doute différemment, car l'ordre de la prise d'armes pour le 4 juin fut signé par MADAME, et contre-signé par le maréchal comte de Bourmont.

Malgré les échecs partiels que l'Ouest venait d'éprouver, des chances de succès se montraient encore. Excepté dans les contrées où

___

(1) Menuet fut relâché après quelques mois de détention; mais en 1833, il fut jeté de nouveau dans les fers, avec le rebus de la société; et quoiqu'il prouvât qu'il ne pouvait avoir commis le crime qu'on lui imputait, étant alors malade et presque agonisant, il fut condamné, et attaché à la chaîne avec l'assassin et le faussaire, pendant plus de trois ans.

l'insurrection avait éclaté le 24, tous les postes étaient restés dans leurs cantonnemens, et disséminés, comme nous l'avons dit, par détachemens peu nombreux, surtout dans la Vendée, où l'on voyait encore des hommes isolés dans beaucoup de fermes. La surveillance n'était ni plus ni moins active qu'avant le 24 mai ; tout semblait en un mot dans le sommeil comme par le passé ; et nul doute que le gouvernement ignorât les projets de ses adversaires, car il a dit lui-même, par un de ses membres, qu'il ne les avait connus, ainsi que la présence de MADAME dans la Vendée, que par suite de la saisie des papiers à la Charlière. Il la soupçonnait dès lors dans la Vendée, sans en avoir la certitude.

MADAME et le maréchal pensèrent donc que des chances de succès se présentaient encore, puisque leurs ennemis semblaient oublier qu'ils étaient sur un volcan.

Ces considérations ayant prévalu, l'ordre suivant fut donné :

Ordre pour la prise d'armes du 4 juin.

« 4 juin.

« Ayant pris la résolution de ne pas quitter

les provinces de l'Ouest, de me confier à leur loyauté si long-temps éprouvée, je compte sur vous, monsieur, pour prendre toutes les mesures nécessaires à la prise d'armes qui aura lieu dans la nuit du 3 au 4 juin.

« J'appelle à moi tous les gens de cœur... Dieu nous aidera à sauver notre patrie ; aucun danger, aucune fatigue ne me décourageront. On me verra paraître aux premiers rassemblemens.

« MARIE-CAROLINE, *régente de France.*

« Pour copie conforme,

« Le maréchal comte DE BOURMONT. »

Cette décision importante ayant été prise, le maréchal établit ses plans d'opération avec cette haute sagacité, ce coup-d'œil si rapide et si sûr qui forment les traits distinctifs de son esprit. Il fut convenu qu'il retournerait sur la rive droite de la Loire, et dirigerait en personne les opérations qui, sur ce point, avaient un intérêt d'autant plus majeur, que la rive gauche, par sa position, ne pouvait en rien contribuer à la prise de Nantes, le cas d'un blocus excepté.

Un autre motif non moins puissant détermina le maréchal à se rendre en Bretagne. MA-

DAME restant dans la Vendée, sa présence seule devait armer de nombreux bataillons.

Il n'appartient à personne, sauf au noble comte, ou à Son Altesse Royale elle-même, de pousser plus loin les appréciations sur le mouvement ordonné le 4 juin. La guerre comme la politique a ses secrets qu'il n'est pas permis de dévoiler.

Toutes ces choses ayant été arrêtées et réglées de la manière la plus précise, le maréchal reprit la route de Nantes, avec M. de Puysieux; il avait passé environ trente-six heures avec Son Altesse Royale.

A cette époque on attendait à chaque instant le comte Auguste de la Rochejaquelein, qui apportait des armes et des munitions achetées de ses deniers. Il ne put débarquer à temps pour le soulèvement. Déjà son neveu, le jeune Louis de la Rochejaquelein, était venu partager les périls et les dangers de ses frères d'armes (1).

Après le départ du maréchal, MADAME apprit la mort d'un de ses plus fidèles serviteurs; Cathelineau avait été assassiné le 27 mai par

(1) Un an plus tard, ce jeune homme, si digne du beau nom qu'il portait, suivit son oncle en Portugal, où il trouva une mort glorieuse.

les mains d'un officier du 29ᵉ. Le lieutenant Reigner, saisissant l'arme d'un de ses soldats, avait tiré à bout portant sur le fils du saint d'Anjou, saint lui-même, car il avait les vertus de son père (1). Cet évènement est trop connu pour qu'il soit nécessaire de le conter avec détail ; ce qu'il est important de dire, c'est que la mort de Cathelineau fut une perte irréparable pour le parti royaliste, au moment surtout où la Vendée était appelée à prendre les armes. Nommé, comme nous l'avons dit, au commandement de l'armée d'Anjou, 1ᵉʳ corps, il avait compris toute l'étendue de ses devoirs ; il était prêt à les remplir, prêt à exécuter les ordres de ses chefs, au moment où la mort est venue le surprendre. Le marquis de Civrac et M. Mauricet se trouvaient dans la même cachette que la victime ; son sang coula sur eux !

Cathelineau, cet homme de cœur, ce modèle de toutes les vertus chrétiennes, se voua à la mort pour sauver la vie du fermier Guenhut, trop loyal et trop fidèle pour livrer ses officiers et ses hôtes. Le lieutenant Reigner ordonnait impitoyablement de le fusiller. La voix

(1) Pour prix de ce lâche assassinat, le gouvernement donna au lieutenant Reigner la croix d'honneur.

de Cathelineau se fit alors entendre... L'exécution fut suspendue..... Heureux, le chef venait
de donner sa vie pour sauver l'un des siens.
Cette page manquait peut-être à la gloire des
Cathelineau : l'histoire doit s'empresser de la
buriner....

Chaque jour apportait au cœur de MADAME
l'assurance de nouveaux malheurs; celui-là
certes fut le plus cruel de tous. Infortunée princesse ! tout se réunissait pour vous accabler :
votre grand cœur mesurait les périls, mais ne
craignait pas de les affronter.

Il était impossible de donner immédiatement
un successeur à Cathelineau (1) ; mais MADAME
comptait naturellement sur le comte Charles
d'Autichamp, général en chef de la rive droite,
pour donner dans le premier moment une direction à cette partie importante de la Vendée.

Son Altesse Royale apprit dans le même
temps l'arrestation de M. Guibourg, commissaire civil pour la province.

Le commandant du 3ᵉ corps avait soumis
au maréchal un plan d'opérations qui avait été

(1) MADAME a nommé depuis, à cette importante
mission, l'homme de cœur par excellence, le comte
de Bouillé, gendre de Bonchamp.

approuvé par lui. Il devait commencer son mouvement insurrectionnel sur le point qui lie l'armée d'Anjou au 3ᵉ corps, et qui touche également à l'armée du centre, ou 2ᵉ corps. Il avait donc choisi pour première base d'opérations, les divisions de Vallette et du Loroux, où la compagnie nantaise, faisant partie de la garde d'honneur de MADAME, devait se porter en quittant Nantes.

M. de Charette aurait marché successivement sur chaque division, répétant ces nobles paroles de MADAME : « J'appelle à moi tous les gens de cœur... »

La lande qui se trouve au pied de la colline où est situé le bourg de Maisdon, avait été choisie par le commandant du 3ᵉ corps comme point de réunion pour plusieurs divisions. En 1828, lors du voyage de MADAME en Vendée, elle avait été saluée dans cette même lande par les acclamations de tout un peuple. En passant dans les rangs des Vendéens, elle leur avait dit :

« Mes amis, si de nouveaux orages venaient encore troubler l'avenir de notre belle patrie, c'est au milieu de vous que je viendrais chercher un abri ; avec vous que je voudrais reconquérir le trône de mon fils!... » En 1832, MA-

DAME aurait pu dire : Vous et moi nous avons tenu parole. »

Il sera temps, quand on parlera du soulèvement, d'expliquer les causes qui ont mis obstacle à l'exécution de ce dessein.

MADAME désirant se rapprocher du centre des premières opérations, il fut convenu qu'elle quitterait le Meslier le 30. Par une fatalité qu'il est impossible de ne pas reconnaître, les guides prirent mal leurs dispositions, ce qui empêcha MADAME de se mettre en route; ce ne fut malheureusement que le lendemain fort tard dans la nuit qu'elle put songer à quitter le Meslier. Des difficultés imprévues s'étaient présentées, divers épisodes qu'il serait trop long de raconter, avaient retardé le départ. Le baron de Charette voyait avec peine s'écouler des heures qui lui étaient si nécessaires pour donner ses derniers soins à l'exécution des desseins dont on a parlé plus haut ; mais MADAME exprimait le désir qu'il restât auprès d'elle pendant les dernières courses qu'elle allait entreprendre. Son Altesse Royale avait quatre grandes lieues à parcourir pour atteindre Louvardière, où déjà elle avait passé quelques momens. Quand elle quitta le Meslier, il était plus de onze heures du soir. MADAME était à cheval derrière Simaillot, l'homme de confiance du curé Pineau : c'est un guide sûr et intelligent ; il est le seul qui ait reconnu MADAME ; les autres voyaient dans Petit-Pierre un être mystérieux : quelques uns la prenaient pour son fils.

MADAME était donc placée en croupe derrière Simaillot ; derrière M. de Mesnard était mademoiselle Eulalie de Kersabiec, montée sur le cheval du meunier Sorin. Sorin et Charlot, l'un des domestiques du Meslier, accompagnaient la caravane, plus nombreuse qu'à l'ordinaire ; mais le baron Charette avait voulu faire explorer le terrain sur plusieurs points avant le passage de Son Altesse Royale. La nuit, le bruit des chevaux s'entend souvent de loin, il était donc nécessaire de prendre encore plus de précautions que par le passé ; une fois la route de Legé à la Roche-Servière franchie , le danger était moins grand.

Avant de s'engager dans la forêt de la Roche-Servière , M. de Charette crut devoir intervertir l'ordre de la marche ; M. de Mesnard et Petit-Paul marchèrent les premiers , guidés par Sorin ; MADAME venait ensuite à une certaine distance, ayant M. de Charette auprès d'elle ; Charlot fermait la marche : en cas d'alerte, un signal avait été convenu ; ce signal devait être fait par les hommes qui précédaient ou suivaient la petite colonne.

La nuit était si profonde qu'on ne voyait pas à un pas devant soi. Malgré l'attention que put mettre Simaillot à suivre le sentier déjà parcouru par l'autre cheval, il en suivit un autre, mais si voisin, qu'il fut impossible au premier moment au baron de Charette de s'en apercevoir. MADAME se trouva, au bout de quelques pas, séparée de ses compagnons par un ruisseau. M. de Charette ayant reconnu l'erreur de Simaillot, lui ordonna de s'arrêter ; mais presque au même instant, le cheval, malgré la volonté de son maître, voulut franchir le ruisseau qui était devant lui. Il ne put arriver jusqu'au bord opposé ; mais au moins ses membres vigoureux ne lui firent pas faute, il ne s'abattit pas sous son double fardeau.

MADAME fut ébranlée par une secousse aussi forte, mais nullement effrayée ; elle riait, et flattait de la main le pauvre animal encore tout tremblant.

Pendant ce temps, ceux qui ouvraient la marche, inquiets, s'étaient arrêtés ; le bruit de la chute du cheval dans le ruisseau, troublant le silence de la forêt, les avait glacés d'effroi.

Lorsque tout le monde fut réuni, il y eut une halte de quelques instans pour reposer MA-DAME ; elle descendit de cheval, afin de voir, disait-elle, si elle n'avait rien de cassé.

Une demi-heure après cet incident, la courageuse mère de Henri de France était hors de la forêt de la Roche-Servière. Elle passa non loin du Magazin, sans se douter que quelques instans plus tard elle allait le revoir, et demander une seconde fois l'hospitalité à ses nobles hôtes.

Le cheval que montait mademoiselle Eulalie et M. de Mesnard ayant fait un faux pas, les entraîna dans sa chute ; au moment où le cheval se relevait, il donna un coup de pied dans la poitrine de Petit-Paul. Ces deux incidens arrêtèrent encore la marche. Petit-Paul continua courageusement sa route à pied, car le cheval était hors d'état d'être remonté ; il s'était donné un effort.

A quelque distance de là, M. le comte de Choulot rendait compte à MADAME des dispositions des cours du nord, qu'il venait de visiter par ordre de Son Altesse Royale. Il n'appartient encore qu'à MADAME de traiter une question si haut placée. Seulement que l'on sache bien que la mère de Henri se montra à ses amis plus confiante dans l'avenir qu'elle ne l'avait encore été.

Cette conversation, quelque rapide qu'elle fût, et bien que le baron de Charette eût insisté pour que MADAME la fît en marchant, prit encore un peu de temps. Chaque minute paraissait un siècle à M. de Charette, car le jour allait bientôt paraître, et MADAME avait plus d'une lieue de pays à franchir avant d'arriver à sa destination. MM. de la Roberie père et fils devaient attendre MADAME au moulin Guérin, pour la conduire à Louvardière. Or, comme la nuit était à peu près écoulée, il était fort possible qu'ils se fussent éloignés, désespérant de voir paraître MADAME. En effet, lorsque la petite caravane parvint à la hauteur du moulin, elle fit inutilement le signal convenu. MM. de la Roberie avaient passé deux nuits à attendre MADAME, et venaient de se retirer.

La situation était cruelle, car Son Altesse Royale était sur un point occupé par de nombreux détachemens. M. de Charette ouvrit l'avis de laisser MADAME seule avec son guide continuer sa marche; selon lui, c'était le moyen de la faire arriver sans dangers apparens à sa destination. Son Altesse Royale, déguisée comme elle l'était, en croupe derrière son guide bien connu dans le pays, eût passé même sans difficulté, au milieu des cantonnemens et de la gendarmerie, avec laquelle Simaillot se trouvait chaque jour en rapport, étant commissionnaire de Saint-Etienne à Nantes. MADAME préféra partager le sort commun de ses amis ; il fut résolu qu'on irait encore une fois frapp▓▓ la porte du Magazin.

On se rappellera peut-être l'importance que M. de Charette attachait à aller commencer en personne l'insurrection dans les divisions du Loroux et de Vallette. Il voulait s'appuyer sur les opérations du 1er et du 2e corps, ou plutôt Son Altesse Royale aspirait, par suite de l'exécution de ce plan, à se rapprocher du centre d'action de la rive gauche ; elle était impatiente de se montrer à tous ses amis.... Tant d'évènemens divers ne lui permirent pas de mettre à exécution ses desseins, M. de Charette se décida donc à opérer son mouvement dans la division de M. de la Roberie. Son intention était de se porter ensuite sur les divisions du Loroux et de Vallette ; en conséquence, il changea la destination de la compagnie Nantaise, et lui donna l'ordre de se trouver, dans la nuit du 3 au 4 juin, au château de Montbert. Ces changemens de résolution, nécessités par les circonstances, plus fortes que les volontés, durent jeter bien de l'indécision dans les esprits. Nous aurons malheureusement à raconter bien d'autres évènemens qui enlevèrent à MADAME ses dernières chances de succès. Pour le moment, introduisons Son Altesse Royale au Magazin, dont les habitans étaient loin de l'attendre.

Le premier soin de M. de Charette fut d'envoyer prévenir M. de la Roberie que Son Altesse Royale était en sûreté chez son beau-frère; il le priait également d'engager deux de ses filles à se rendre au Magazin. M. de Charette pensait que MADAME pourrait prendre les vêtemens de l'une de ces demoiselles, et parvenir sans danger, à l'aide de ce déguisement, soit à Louvardière, soit à la Mouchetière, maison occupée par la famille la Roberie, et située à une portée de fusil du village de Pont-James. Ce projet fut accepté et mis à exécution un peu avant que le jour fût tombé. Ainsi les détachemens de troupes qui avaient vu passer Mlles Pauline et Luce de la Roberie crurent les reconnaître. On dit même qu'un officier aurait salué MADAME, la prenant pour Mlle Luce, dont elle portait les vêtemens.

Quand la nuit fut venue, les compagnons de MADAME songèrent à aller la rejoindre à la Mouchetière, dont ils trouvèrent les habitans fort préoccupés des dangers que courait MA-

DAME. Un incident avait éveillé l'attention des brigades de gendarmerie de Pont-James, et donné en même temps l'alerte aux détache-mens voisins.

M. de Villiers, attaché à l'état-major de la division de M. de la Roberie, avait été envoyé en correspondance auprès de lui ; à son retour, la brigade de gendarmerie de Pont-James vou-lut l'arrêter ; il montait un cheval vigoureux ; il ne tint compte de l'injonction, et eut bientôt laissé derrière lui le village de Pont-James et la brigade de gendarmerie. On dit qu'à la me-nace de faire feu sur lui, il avait répondu étour-diment par le cri de *vive Henri V !* Cet évène-ment était suffisant pour donner l'alerte à tous les cantonnemens voisins, d'autant plus qu'on savait que M. de Villiers sortait de chez M. de la Roberie. Cette noble famille craignait donc avec raison qu'on ne vînt faire une visite domi-ciliaire ; cependant, après avoir pris toutes les précautions que nécessitait la circonstance, après avoir, en quelque sorte, établi des vé-dettes partout, MADAME se décida à rester à la Mouchetière.

A deux heures environ de la nuit, M. de la Roberie vint dire à M. de Charette qu'il ne répondait pas des jours de MADAME ; qu'il

croyait prudent qu'elle quittât la Mouchetière;
qu'on remarquait dans les cantonnemens un
mouvement inaccoutumé; qu'une patrouille
avait rôdé autour de la maison. On réveilla
MADAME, on lui dit que la prudence exigeait
qu'elle quittât la Mouchetière. Elle partit un
instant après, laissant Mlle de Kersabiec avec
une fièvre brûlante, occasionnée par sa chute
et le coup de pied qu'elle avait reçu dans
la poitrine. A trois heures, MADAME entrait
chez M. Auguste de la Haye, qui, dans tous
les temps de révolution, a payé sa dette à la légitimité. Bien jeune encore, il prit part aux
évènemens de la chouannerie; 1815 comme
1832 le virent fidèle à son drapeau : il avait
accepté en dernier lieu les fonctions d'inten-
dant du 3e corps.

Quand MADAME arriva chez M. de la Haye,
elle retrouva MM. le Romain et Prévost, qu'elle
avait perdus de vue depuis long-temps; elle fit
venir près d'elle le loyal M. de Coëtus; il était
accompagné par M. de Guillomont, remplissant
les fonctions de sous-intendant du 3e corps. Il
ne faillit pas au jour du danger. M. de
Coëtus avait dit au baron de Charette, un an
avant l'époque dont nous parlons : « Je crois
que le temps d'opérer un soulèvement dans la

Vendée n'est pas arrivé; en conséquence, je ne puis accepter la position que vous m'offrez au nom de Son Altesse Royale. » Chez M. de la Haye, il dit à MADAME ces simples paroles : « Je vous suivrai !... » M. de Coëtus a tenu fidèlement sa promesse.

Arrivèrent successivement au moulin Etienne, MM. de Monti de Rezé, de la Chevasnerie, et plus tard M. Henri de Puysieux, qui venait de quitter le maréchal. Tant de mouvemens, tant d'arrivées successives devaient certainement compromettre la sûreté de Son Altesse Royale ; mais si l'on pense à la fidélité des habitans du pays, on sentira qu'elle était confiée pour ainsi dire à leur garde. Sur tous les points, elle avait des sentinelles invisibles qui seraient venues l'avertir, si quelques dangers l'eussent menacée ; il avait suffi de dire aux plus intelligens : « Mes amis, veillez à la sûreté du moulin Etienne !..... » Les surprises de nuit étaient plus difficiles à éviter.

Ne pouvant aller en personne prendre la direction du mouvement qui devait s'opérer le 4 juin, dans les divisions de Vallette et de Maisdon, M. de Charette avait chargé M. de Puysieux, ce brillant et infatigable officier, d'aller porter ses derniers ordres, et d'en surveiller l'exécution ; ils contenaient en substance, d'éviter tout engagement, de ne se porter sur Maisdon que le second jour de l'insurrection, après avoir réuni le plus de monde possible sous les drapeaux. Des vivres furent commandés à Maisdon pour cinq mille hommes. Nous lisons dans les Mémoires du général d'Ermoncourt, que s'il n'eût pas battu la première colonne des insurgés à Maisdon, Charette, le lendemain, y aurait concentré huit mille hommes; ce chiffre est exagéré, surtout dans les conditions cruelles où le parti allait se trouver. Mais il est certain que le général d'Ermoncourt, en occupant avec quinze cents hommes la grande route de Nantes à Bourbon, depuis la Loué jusqu'au-delà d'Aigrefeuille, a enlevé à M. de Charette les seules chances de succès qui pouvaient encore exister. Nous reviendrons sur cette question.

Nous touchons à un des momens les plus cruels de la vie de MADAME en Vendée, celui où elle perdit à la fois la presque totalité de ses espérances.

Déjà sur une partie de l'Ouest, et particulièrement dans la journée du 2 juin, les troupes avaient opéré leur mouvement de concentration. Cette nouvelle, qui se répandit promptement, laissa penser que le gouvernement était instruit des projets des royalistes.

Quelques instans plus tard, Son Altesse Royale recevait l'assurance que l'enlèvement de papiers importans saisis à la Charlière, instruisait non seulement le pouvoir de sa présence en Vendée, mais lui donnait encore connaissance du jour de l'insurrection et des plans d'opération. Le gouvernement garda le plus profond silence sur la nature de ces papiers ; ils furent saisis le 27, et ce ne fut que le 2 juin, vers le soir, que MADAME put être avertie de l'étendue de ses malheurs. En recevant cette nouvelle, elle dit avec douleur : « C'est le dernier coup porté « à mes espérances ! O mon fils ! tu ne sauras « jamais toutes les angoisses et les larmes de ta « mère ! » Puis dominant ses sentimens, elle songea d'abord à expédier un contre-ordre ; mais il ne pouvait arriver à temps sur toute la surface de l'Ouest : plus des deux tiers du pays qui devait s'insurger, auraient été abandonnés à la merci de ses ennemis.

MADAME rejeta vivement toute pensée qui aurait eu pour but d'établir sa sûreté, au préjudice du plus grand nombre de ses amis. Elle s'abandonna à la volonté du ciel. C'était au commencement de la nuit du 2 juin que cette sublime, cette importante décision fut prise.

Le pays vit avec inquiétude la concentration des troupes : toutes ses prévisions, celles des chefs, se trouvaient détruites par suite de ce mouvement ; car jamais MADAME ni le maréchal n'avaient eu l'idée d'opposer l'ardeur, le courage vendéen, à la supériorité de la tactique.

Ainsi, aux ordres et aux contre-ordres qui avaient déjà jeté tant d'irrésolution dans les esprits, vinrent se joindre les nouvelles mesures adoptées par le gouvernement.

L'asile qui devait recevoir MADAME étant préparé, elle partit sur les dix heures du soir, sans laisser voir à ses amis les cause de sa profonde douleur. Elle était accompagnée par M. de Hyacinthe de la Roberie, de Mesnard, de Charette, le Romain, Edouard et de M. de la Chevasnerie, qui devait remplir auprès d'elle les fonctions de secrétaire de ses commandemens.

Arrivée au bord d'une petite rivière nommée *la Boulogne,* MADAME trouva M. de la Roberie père, qui la lui fit traverser à l'aide d'un petit bateau ; à peu de distance de la rivière, devaient se trouver de nouveaux guides ; ils

n'étaient pas encore arrivés. En les attendant,
MADAME, sans doute épuisée par les fatigues
morales, s'appuyant la tête sur un porte-
manteau, sembla sommeiller. Il y aurait eu pour
un peintre le sujet d'un charmant tableau. Le
chêne qui abritait MADAME portait les traces
de la vieillesse ; cependant ses longues branches
touffues s'étendaient au loin sur la prairie, et
la couvraient de leur ombre. A la clarté de la
lune, que laissait passer par intervalles le feuil-
lage du chêne, on eût pu voir sur le visage de
ses compagnons, le respect et l'admiration
qu'ils ressentaient pour une femme si faible
en apparence, si courageuse et si forte dans
l'adversité; car si la plupart ignoraient l'étendue
de ses malheurs, tous savaient que chaque jour,
chaque heure enlevait un rayon d'espérance au
parti royaliste. Silencieux, ils épiaient le réveil
de MADAME. Dormait-elle, la malheureuse
princesse? ou mesurait-elle en silence la cruelle
position où une suite d'évènemens funestes
l'avaient conduite? nous l'ignorons ! Mais,
déguisant sans doute sa pensée sous cette forme
d'esprit si vive et si colorée qui lui est propre,
elle dit, en jetant un coup-d'œil sur ses compagnons armés et déguisés pour la plupart :
« Convenons, messieurs, que nous ressemblons

« plus à une bande de voleurs qu'à d'honnêtes
« gens ! »

Les guides étant arrivés, MADAME dut se
séparer d'une partie de ses compagnons; elle
resta seulement avec MM. de Mesnard et de la
Chevasnerie. MM. de Charette, le Romain et
Edouard se dirigèrent sur Montbert.

Courage et espoir! furent les derniers mots
que MADAME dit à ses amis, en leur serrant la
main.

La maison que Son Altesse Royale allait
occuper, se nomme *la Brosse;* elle appartient
à Mme Rédoi de Nantes, et n'est habitée ordinairement que par trois frères du nom de
Jeanneau, qui en sont les fermiers, et une servante nommée *Anne Boisselot.* La maison est
isolée, et fort avant dans les terres.

Arrivé à Montbert, M. de Charette fut pris
d'une fièvre ardente. Tant de veilles, surtout
tant de secousses morales avaient épuisé ses
forces. Ce fut un grand sujet d'inquiétude et
d'agitation pour lui, de penser qu'au moment
où il avait le plus besoin de ses facultés, elles
allaient lui faire défaut. Ces réflexions devaient
encore ajouter à ses souffrances. On était alors
au 3 juin : dans la nuit devait commencer l'insurrection.

M. de Charette, malgré son état de maladie,
fit venir auprès de lui quelques paysans dévoués
des communes de Montbert et de Généton. Ces
paroisses appartiennent à la division de Veillevigne ; elles n'avaient point reçu l'ordre de
prendre les armes. M. de Charette leur fit dire
qu'elles auraient à appuyer le mouvement de
la compagnie nantaise, qui devait occuper,
comme nous l'avons dit, le château de Montbert, appartenant à M. Clémencin, commissaire
de la marine à Nantes. Malgré l'absence de
leurs capitaines, dont l'un, le brave Thomas,
était fort dangereusement malade, et l'autre
absent, un rassemblement de plus de cent
hommes se fit dans la nuit. M. de Charette ne
resta pas à Belle-Cour, où trop d'allées et de
venues avaient attiré l'attention des habitans du
village de Montbert, qui renferme quelques
acquéreurs de biens nationaux, connus dans le
pays sous le nom de *Patauds*.

La compagnie nantaise, partie des environs
du château de Rezé (1), arriva à celui de Mont-

(1) On nous saura gré, je l'espère, de dire un mot
sur le dévouement de la famille de Monti de Rezé,
qui marche de pair avec celui de la famille de Kersabiec. Un an avant le soulèvement, le vaste château de

bert le 4 au matin, sur les cinq heures et demie. Elle était forte de cinquante quatre hommes à pied et de onze à cheval. Les mêmes causes qui ont compromis le soulèvement, ont nui également au développement des forces de cette garde d'honneur, qui, dans le principe, comptait dans ses rangs un grand nombre de personnes. Nous sommes fondés à croire qu'avant le contre-ordre du 24 mai, son chiffre dépassait deux cent cinquante.

Le baron de Charette, sachant que la compagnie nantaise était arrivée au château de

Rezé fut toujours ouvert aux proscrits, et depuis bien des jours, plus de quarante personnes y attendaient des ordres. Tous les membres de la famille en état de porter les armes se sont élancés dans l'arène. Quatre des fils du comte de Monti de Rezé prenaient leur part de danger et de gloire à l'affaire du Chêne. Semblable en dévouement, en sentimens généreux, la famille de Kersabiec voyait à sa tête un noble vieillard couvert de cicatrices, réclamer la première place dans les combats. Ses trois fils et son gendre, M. de Biré, aspiraient au même honneur. Pour prix de tant de dévouement, de labeurs, par suite de ses glorieux services, le vicomte de Kersabiec, ancien colonel de la légion de l'Orne, avait été promu au grade de maréchal-de-camp, sous la même date que M. de la Roberie.

Montbert, s'empressa, malgré son état de souf-france, de rejoindre les nouveaux compagnons de ses dangers et de ses travaux. Il trouva les postes extérieurs placés avec soin, et occupés par la compagnie de Rezé. M. de Charette put bientôt dire à ses compagnons le prix qu'il attachait à se trouver au milieu d'eux. Il félicita M. la Roche sur l'esprit militaire qui semblait animer la compagnie nantaise. M. la Roche, ancien officier de la gendarmerie royale de Paris, avait été choisi par les jeunes gens de Nantes pour les commander. Il était impossible qu'ils fissent un meilleur choix. Le comte de Lorges commandait les jeunes gens à cheval, presque tous armés d'espingoles.

Nous joignons ici le nom des personnes qui composaient cette compagnie.

Compagnie nantaise.

MM. la Roche (Frédéric), commandant; Convins, ancien officier de la garde; comte d'Hanache, de Trégomain (Édouard), de Trégomain jeune, de Monti de Rezé (Alexis), de Maublanc (Arthur), Lepot, Libeau, Emeran de la Rochette, de Guinebaud, de Kermel, de Ploesquellec, des Dodières (Robert), des Do-

dières (François), Dubois (Achille), Dubois,
de Logette, Reliquet, Barbot, Ronsey, Crouillebois, Tordo, Journée, Dumanoir, Michot,
Joubert, Theigné, Lehuedé, Etourneau, Chevalier, Béloneau, Bonhomme, Billou, François, Baconet, Grimaud, Reth, Berthin, Ré-
tig, de la Roberie (Hyacinthe), de Beauchamp
(Charles), Béaudichon, de la Pinière, de Bonrecueil, le Romain (Henri), de Villiers (1).

Hommes à cheval.

MM. Comte de Lorges, de Coëtus (Albert),
de la Palme aîné, de Monti de Rezé (Alexandre),
Foucaud, de Mesnard (Ferdinand), de Chatelier (Michel), de Chatelier (Auguste), Da-
viais, de Puy-la-Roque, de Maublanc (Amédée).

Les paroisses de Généton et de Montbert
s'étant ralliées à la compagnie nantaise, Edouard
fut envoyé pour occuper militairement le bourg

(1) A ces noms, il faut ajouter ceux de MM. Du-
moulier et la Palme jeune, envoyés en mission et arrêtés à Paris; Caroffe, resté à Nantes par ordre; de
la Faille, O'Heguerty (Henri) et de Clercy, qui ne
purent suivre la colonne, les deux premiers par suite
de fatigue, et le dernier s'étant blessé en déchargeant
un pistolet.

de Montbert, Les autorités furent révoquées, le drapeau blanc arboré au clocher aux cris mille fois répétés de *vive Henri V !* ensuite les cloches sonnèrent pour appeler aux armes.

A quelque distance du village, le commandant du 3ᵉ corps avait un dépôt d'armes et de munitions : on en retira vingt-cinq mille cartouches, quelques espingoles et des armes de guerre. Le drapeau de la compagnie nantaise, celui de l'armée furent rapportés militairement au château de Montbert. Il y eut un sentiment bien vif d'enthousiasme au moment où le général fit la remise de ces drapeaux.

Celui de l'armée fut porté par le brave Cormerais, ancien capitaine de Charette, ancien porte-étendard de son armée. Il avait demandé que ses deux fils marchassent à ses côtés ; il leur avait dit : « Si je tombe, songez à sauver votre drapeau ! » Celui de la compagnie nantaise fut confié aux soins du comte d'Hanache, ancien capitaine de la garde, premier écuyer de main de Son Altesse Royale. Hélas! ce fut peut-être son arrêt de mort qu'il accepta des mains de ses camarades ; car au moment où il fut frappé, il portait bien haut la noble bannière des lys. Blessé, il l'agitait encore en encourageant ses amis du geste et de la voix.

Peu avant le moment dont nous venons de parler, M. de Charette reçut le billet suivant de son aide-de-camp, M. de Puysieux :

« Mon général,

« Cinq cents hommes sont réunis dans ce moment à Maisdon, d'où je vous écris. Les routes sont couvertes de Vendéens qui arrivent de toutes parts le fusil sur l'épaule. Avant qu'il soit nuit, le rassemblement sera de plus de mille à douze cents hommes. Nos deux nobles vieillards (1) sont à leur poste, et leur présence produit le plus heureux effet.

« HENRI.

« Maisdon, le 4, à neuf heures du matin. »

La date de ce billet, le lieu d'où il était écrit, durent surprendre le baron de Charette. Il croyait M. de Puysieux sur un tout autre point : ce n'était que le lendemain qu'ils devaient se retrouver à Maisdon. A tout prendre,

---

(1) Ces deux vieillards étaient M. de Kersabiec, dont nous avons déjà parlé, et M. de Bascher, presque frappé de cécité, et âgé de plus de soixante-dix ans.

le contenu de ce billet donnait cependant quelques espérances.

Il répondit à M. de Puysieux qu'il allait marcher sur Aigrefeuille, et de là sur Maisdon; qu'il fallait éviter à tout prix un engagement, et se tenir en garde contre toute surprise; qu'on ne devait pas oublier que la garnison de Clisson était aujourd'hui forte de huit à neuf cents hommes, et très-rapprochée de Maisdon.

A deux heures, la compagnie nantaise, les volontaires des paroisses de Généton, de Montbert et de Rezé, formant en tout une colonne de deux cent cinquante à trois cents hommes, marchèrent sur Aigrefeuille, qui n'était occupée que par la garde nationale du lieu.

Déjà les royalistes approchaient de ce bourg, lorsque l'avant-garde arrêta quelques paysans armés et les conduisit au général. Ils l'informèrent que la garnison de Clisson avait envoyé quelques compagnies surprendre les royalistes au moment où, répandus dans le village, ils mangeaient la soupe. Surpris et isolés, ils n'avaient opposé qu'une faible résistance. L'aide-de-camp de M. de Charette avait eu son cheval tué sous lui, et la cuisse traversée d'une balle. On disait qu'il avait fait des prodiges de valeur; que, secondé par quelques Vendéens et plusieurs officiers, il était parvenu à couvrir la retraite avec succès.

Le baron de Charette comprit tout de suite les funestes conséquences de cet évènement, qui renversait tous ses plans. Un instant il eut la pensée de continuer sa marche ; mais il apprit en même temps que le général d'Ermoncourt était parvenu, avec ses troupes, à la hauteur d'Aigrefeuille. Ainsi nul espoir ne lui était laissé de réparer cette première faute ; il restait donc livré à ses propres forces, à celles de MM. de la Roberie et Cornullier. Ce dernier, à la tête de deux cent cinquante hommes, occupait les environs de Machecoul, à cinq lieues au moins du point où se trouvait M. de Charette. M. de la Roberie avait sous son commandement une colonne de quatre cents hommes. Les ordres qu'il avait reçus portaient qu'il devait veiller spécialement à la sûreté de Son Altesse Royale, dont lui et son fils connaissaient seuls la retraite.

Le général vendéen n'avait pas auprès de lui des forces suffisantes pour traverser les lignes du général d'Ermoncourt, établies sur la route d'Aigrefeuille à Nantes ; il fut donc forcé de renoncer à son plan d'opération, qui avait pour but, comme on s'en souviendra, de lier entre elles les opérations des trois corps d'armée de la Vendée. Préoccupé aussi des dangers que courait MADAME, voyant M. de la Roberie trop faible peut-être pour résister aux forces de l'ennemi, il résolut de l'aller retrouver. En conséquence, il changea la direction de sa marche. Il écrivit alors à M. le Chauff de la Blancheraie, chef de la division de Vallette, de venir le rejoindre avec le plus de monde possible; des ordres semblables furent adressés à plusieurs officiers des divisions de Maisdon et du Loroux. Il leur faisait connaître que son intention était de manœuvrer dans cette portion de terrain qui sépare les deux routes partant de Nantes pour aller à Bourbon, dont l'une passe par Aigrefeuille et l'autre par Legé. Ces ordres sont parvenus trop tard.

Nous avons sans doute donné une idée bien imparfaite de la cruelle situation où se trouvait M. de Charette après l'attaque de Maisdon; cependant nous ne reviendrons sur cet évènement que pour dire les malheurs particuliers que la cause eut à déplorer. Le vicomte de Kersabiec fut arrêté et blessé au moment où il rejoignait le général avec M. Guilloré et son domestique; tous les trois furent incarcérés dans les prisons de Nantes. M. Charles de Bascher,

le fils de ce noble vieillard qui, frappé de cécité, ne reculait devant aucun danger, aucun
sacrifice, et qui déjà avait un fils en prison,
n'avait pu rester sourd à l'appel de Son Altesse
Royale. Charles de Bascher, cerné de toutes
parts dans le village de la Hautière, fut atteint
d'une balle, et arrêté au moment où il cherchait
à s'éloigner. Déguisé en paysan, il ne fut pas
reconnu d'abord ; cependant, comme on soup-
çonna, à son langage, qu'il appartenait à une
classe plus élevée, on l'interrogea ; il dit son
nom ; ce fut peut-être son arrêt de mort !...
M. de Bascher marchait avec beaucoup de difficulté, par suite d'un accès de goutte et de la
blessure qu'il venait de recevoir. Ses ennemis
ne tenaient aucun compte de ses souffrances,
et, le voyant épuisé de fatigue, ils le précipitèrent dans un fossé. Vingt canons de fusils
furent aussitôt braqués sur lui. C'est en vain
qu'il demanda le temps de recommander son
âme à Dieu : inutile prière devant les hommes,
mais qui fut sans doute entendue du ciel : une
seconde après il n'existait plus. La garde nationale d'Aigrefeuille et un faible détachement
de ligne prirent part à cet acte d'autant plus
barbare, qu'alors cette partie du pays n'était
plus en armes. C'était le 8 juin.

M. le Chauff, chef de la division de Vallette, se trouvait dans le même village, avec ses deux enfans, dont l'aîné, blessé à la cuisse, fuit néanmoins. Le père feint d'être atteint mortellement, se laisse tomber sans mouvement, et, par ce moyen, échappe à ses ennemis.

Nous avons dit que, sur un autre point éloigné, M. Louis de Cornullier, fidèle à sa promesse, avait pris les armes le 4 juin, avec deux de ses enfans. Ayant cru ne devoir appeler sous les armes que les personnes déjà compromises, il n'avait auprès de lui que deux cent cinquante hommes, lorsqu'il fut attaqué par des forces considérables ; il leur disputa noblement le terrain, et fit sa retraite sur la forêt de Machecoul avec quelques blessés : l'ennemi avait été beaucoup plus maltraité. Cette affaire eut lieu auprès du château de la Caraterie, appartenant au frère de M. de Cornullier.

Nous allons maintenant expliquer brièvement comment l'insurrection se fit dans la division de Saint-Philbert, qui s'étend jusqu'aux portes de Nantes.

M. de la Roberie, qui la commandait, surprit avec une cinquantaine d'hommes les deux brigades de gendarmerie de Pont-James, qui n'avaient pas suivi le mouvement de concentration des autres troupes; elles se rendirent sans résistance (1).

M. Edouard de Kersabiec, second de la division de M. de la Roberie, vint le rejoindre avec sa colonne; réunis, ils comptaient environ quatre cents hommes.

M. de Charette ne fit sa jonction avec eux que le lendemain 5 juin; ils vinrent le rejoindre au village de la Grimaudière, où il avait passé la nuit.

A la tête de la division de Saint-Philbert, marchait son noble chef, et à ses côtés MM. de Coëtus père et fils. M. Edouard de Kersabiec, second de cette division, avait le commandement de cette colonne, qui entra dans le village de la Grimaudière bannière déployée : c'était son vieux drapeau percé par des milliers de balles qu'elle montrait avec fierté.

La joie fut vive dans tous les esprits. On s'embrassa, on se félicita sur ce dévouement commun, qui réunissait sur un même point six cents hommes de cœur.

(1) Si le mouvement se fût opéré le 24 mai, nul doute que tous les détachemens n'eussent été enlevés avec la même facilité, avec plus de facilité encore, puisque la caserne des gendarmes était fermée, tandis que l'habitation des villageois restait toujours ouverte.

Après avoir laissé prendre quelques instans
de repos à la division de Saint-Philbert, le général se porta sur Pont-James, afin d'y prendre les vivres qui manquaient au village de la
Grimaudière ; son intention était aussi de faire
reconnaître la route qui conduit à Legé. Il envoya donc cinq ou six cavaliers jusqu'au village
de Saint-Etienne de Corcoué ; là ils apprirent
qu'une colonne de huit cents hommes marchait sur Pont-James ; on ajoutait qu'ils ne
s'avançaient qu'avec les plus grandes précautions.

Sur un autre point, le général d'Ermoncourt,
après avoir occupé momentanément la route de
Bourbon à Nantes, se mit sur les traces de
M. de Charette, qu'il crut pouvoir attaquer au
château de Montbert ; il se porta ensuite sur le
village du même nom, qu'il occupa militairement. Le général d'Ermoncourt reçut le lendemain l'ordre de rentrer à Nantes avec sa colonne expéditionnaire, que le gouvernement
voulait opposer à M. de la Roche-Macé, qui,
sur la rive droite de la Loire, venait de réunir
sous ses drapeaux huit cents vaillans Bretons.
Quelques compagnies de ligne ayant voulu les
attaquer dans le bourg de Riaillé, furent enle-
vées à la baïonnette. Cette noble cohorte se
voyant seule en armes sur toute l'étendue de la

Bretagne, rentra dans ses foyers après quelques jours de glorieux travaux. On peut expliquer l'inaction de tant de courages éprouvés, par le découragement et l'incertitude portés dans tous les esprits par des ordres plusieurs fois donnés et retirés. Cependant, dans l'Anjou (rive droite), le comte Louis de Bourmont s'était mis en marche le 9 juin, afin d'établir ses communications avec M. de la Roche-Macé ; mais ayant poussé une reconnaissance trop près de Candé, il attira sur ses traces des forces considérables. On se battit avec acharnement près du village de la Gachetière. La retraite des chouans devenait nécessaire, enveloppés qu'ils étaient de toutes parts. Le comte Louis de Bourmont, quoique blessé, la soutint avec un rare bonheur.

Nous allons revenir maintenant aux opérations du 3ᵉ corps, que nous ne donnons avec autant de détails que parce qu'ils sont liés intimement à la présence de MADAME, dont la garde était confiée à la prudence de M. de Charette. Nous nous croyons donc obligés d'entrer dans quelques détails stratégiques qui nuisent peut-être à la marche du récit ; mais si le lecteur veut bien ne pas oublier que c'est la vie de MADAME en Vendée que nous publions, et se rappeler en outre que c'est le journal du 3ᵉ corps qu'il a sous les yeux, il sera moins étonné d'y trouver ces détails minutieux.

En quittant Montbert, le général d'Ermoncourt y laissa trois cents hommes, qui avaient ordre de se porter sur Saint-Philbert et Machecoul.

Plusieurs alertes avaient eu lieu pendant l'occupation du village de la Grimaudière : plusieurs fois on avait averti M. de Charette qu'il allait être attaqué par des forces dont on grossissait le nombre ; l'éloignement du général d'Ermoncourt fit cesser ces craintes, car les trois cents hommes restés à Montbert momentanément ne lui causaient pas d'inquiétudes. Il n'en était pas ainsi de la colonne partie de Legé, mais deux grandes lieues la séparaient encore des royalistes ; elle marchait à pas lents, et fouillant le terrain à droite et à gauche de la route.

Sur ces entrefaites, MM. Mornet du Temple arrivèrent à Pont-James avec cent-vingt hommes de la division de Legé, levés dans les petites paroisses de Saint-Etienne et Saint-Jean de Corcoué. Comme M. de Charette possédait un dépôt d'armes et de munitions, de linge et de chaussures dans la division de Legé, MM. Mornet du Temple furent autorisés à remettre à leurs soldats ce dont ils pouvaient avoir besoin. Tous étaient munis d'armes de guerre : les cartouches ne leur manquaient pas.

Lorsque ce détachement arriva, le général voulut féliciter ses nouveaux compagnons sur leur dévouement. La troupe prit les armes, et quand ces généreux défenseurs de la légitimité passèrent sous la bannière fleurdelisée, il y eut bien de l'enthousiasme dans tous ces cœurs ; ils la baisaient en passant, et répétaient avec ivresse le cri de *vive Henri V !*

MM. la Roche, Prévost et de Monti de Rezé remirent à chacun de ces braves un sacré cœur. On sait que dans les premières guerres, les soldats vendéens marchaient avec plus de confiance à la mort, lorsqu'ils portaient attachés sur la poitrine ce signe de la foi. Ainsi que leurs devanciers, ces hommes qui s'étaient levés au nom de la légitimité et de la religion, découvraient leur tête et faisaient le signe de la croix, en recevant des mains de leurs officiers cette marque distinctive de leur croyance. Dans ce pays la légitimité est encore étroitement unie à la religion : le bon sens du peuple ne lui permet pas de croire que l'une puisse marcher sans l'autre.

Peu d'instans après l'arrivée des Vendéens commandés par MM. du Temple, le cri *aux armes !* se fit entendre ; des paysans accourus de Montbert, assurèrent que les troupes, en

partant, avaient prononcé le nom de Pont-
James ; qu'elles les suivaient à peu de distance,
qu'on devait s'attendre à être attaqué d'une
minute à l'autre. Les postes ayant été relevés,
le général se mit à la tête des siens, qu'il
divisa en deux colonnes, afin de placer l'ennemi
entre deux feux. M. de la Roberie commandait
la première colonne, M. de Charette la seconde.
Ce fut une fausse alerte.

Le général, qui avait marché dans la direction
où on lui annonçait l'ennemi, fit faire une
halte au village de Chiron, et prendre des
informations sur la colonne partie de Legé.
A 5 heures environ elle avait dépassé Saint-
Etienne, et arriva à Pont-James à 7 heures, ayant
fait commander des vivres pour mille hommes.
M. de Charette voulant éviter une attaque sur
un point aussi rapproché du lieu qu'occupait
Madame, résolut de se porter au village de la
Bélinière, commune de Bouaine ; il y parvint
par des chemins difficiles, afin de donner le
change à l'ennemi. Son intention était d'éviter
le combat contre des troupes qu'il regardait
comme bien supérieures en nombre et surtout
en tactique aux siennes, et cependant de ne les
jamais perdre de vue ; il voulait les attirer sur ses
pas, et ne les combattre qu'avec des chances

de succès. Il était convaincu que cette colonne avait ordre de le suivre.

Une fatalité inouie semblait peser sur les insurgés. Le temps, qui avait été magnifique jusqu'au moment de l'insurrection, devint pluvieux et froid. La nuit qu'ils passèrent au village de la Bélinière fut un continuel orage; la pluie tombait par torrens, et le bruit du tonnerre se joignait au mugissement des vents. On sait que les Vendéens portent leurs cartouches dans leur poche; or, tous ceux qui furent exposés à la pluie pendant cette horrible tempête, qui dura le lendemain, quoique moins violente, perdirent la plus grande partie de leurs munitions.

La nuit était à peine écoulée, lorsque tout à coup des cris de désespoir viennent frapper les oreilles de M. de Charette. M. de la Roberie, saisissant avec force la main du général, lui criait : « Vengeance !... les lâches!... ils ont assassiné ma fille !... » Et parlant ainsi, des larmes s'échappaient des yeux du vieillard.

En arrivant à Pont-James, cette colonne que nous avons déjà signalée comme venant de Legé, avait détaché une de ses compagnies pour occuper l'habitation de M. de la Roberie. Quatre de ses fermiers, dont l'un octogénaire, se trouvaient dans la cour de la Mouchetière ; ils étaient sans armes, sans défense, et néanmoins ils furent impitoyablement égorgés. Le jeune de la Roberie, enfant de dix ans, échappa par son sang-froid à cette scène de meurtre. Un soldat l'ayant joint, lui mit le bout du fusil sur la poitrine ; l'enfant ne chercha point à détourner l'arme, ne fit aucun mouvement, et continua à regarder fièrement son bourreau. Au même instant, une jeune fille effrayée sortait de la maison principale ; peut-être avait-elle vu l'arme meurtrière tournée vers son jeune frère ; peut-être voulait-elle détourner le coup, implorer la pitié. On l'ignore, car au même instant, Céline de la Roberie, âgée de 16 ans, recevait le coup mortel. Un sergent, dit-on, l'ajusta par derrière à bout portant : la balle alla traverser le cœur de la jeune fille !

La nouvelle de cet horrible attentat se répandit bientôt dans toute la troupe. De tout côté l'on courait aux armes, on criait vengeance ! et l'on suppliait le général de marcher sur Pont-James. Nul doute qu'il ne partageât l'indignation de ses compagnons d'armes ; mais informé qu'un parti ennemi moins fort marchait sur lui dans la direction des landes de Bouaine, il crut devoir se porter en avant de ce côté pour lui offrir le combat, avant qu'il eût fait sa jonction avec celui de Pont-James.

Arrivé près de la lisière de la lande, le général eut la certitude que la colonne qu'il cherchait n'avait pas encore paru ; seulement quelques gendarmes avaient traversé cette même lande. Voulant à tout prix rencontrer l'ennemi sur ce point avant qu'il eût fait sa jonction, M. de Charette franchit cette portion de terrain inculte, et entra dans la paroisse de Veillevigne.

Pendant une courte halte que M. de Charette fit faire à sa colonne, il acquit la certitude que la garnison de Veillevigne, qui venait de se renforcer de plusieurs compagnies arrivées à marches forcées de l'intérieur du pays, faisait son mouvement pour venir attaquer les royalistes. Cent hommes de garde nationale et quelques brigades de gendarmerie s'étaient joints à cette troupe, qui marchait sous les ordres d'un chef de bataillon. On informait également le général que la colonne qui avait couché à Pont-James paraissait vouloir le suivre. Si la position de M. de Charette devenait de plus en plus critique, au moins avait-il l'assurance que MADAME courait moins de dangers. Il avait réussi à éviter le combat sur un point trop rapproché du lieu qu'occupait Son Altesse Royale.

Nous passerons rapidement sur les épisodes

qui précédèrent le combat du Chêue, mais nous nous croyons obligé de raconter cet évènement avec quelques détails, tant il est lié à la vie de MADAME en Vendée.

Peu de temps après avoir quitté la lande pour pénétrer dans le bocage, le général envoya son aide-de-camp, M. de Monti de Rézé, avec quelques cavaliers, désarmer un des capitaines de la garde nationale de Veillevigne.

Au moment où Edouard et les hommes confiés à son commandement allaient pénétrer chez le capitaine, ils aperçurent un détachement d'environ trente hommes, qui, l'arme au pied et silencieux, semblaient n'attendre que des ordres pour se remettre en marche.

Pendant ce temps, les royalistes avaient continué à avancer; ils étaient parvenus au village du Chêne, lorsque M. de Monti vint rendre compte au général de la présence de l'ennemi sur un point aussi rapproché. Sa première pensée fut de faire enlever ce faible détachement, qu'il supposa être l'avant-garde de la colonne sortie de Veillevigne; en effet, un instant après il fut averti que quatre cent à quatre cent cinquante hommes marchaient sur lui. Il dut donc se borner à faire prendre à sa troupe une position avantageuse.

Le village du Chêne en Veillevigne compte
une douzaine de feux. A cent pas de là coule
un petit ruisseau qui baigne les jardins du hameau. Un pont en bois sert aux piétons; les
chevaux et les charrettes entrent dans un gué
qui peut avoir deux pieds et demi de profon-
deur en été; le chemin qui y conduit est assez
large en sortant du village, pour que deux pelo-
tons puissent s'y mettre en bataille et marcher
ainsi pendant cinquante pas : en arrivant au
ruisseau il se rétrécit, et la troupe est obligée
de se former en colonne. A la hauteur du gué,
le ruisseau forme une nappe d'eau assez considérable. La haie qui la borde de l'autre côté
du pont suit une direction diagonale au chemin. Ce fut derrière cette haie que la compagnie
nantaise prit position. Si l'ennemi fût arrivé
jusqu'au pont, il aurait été foudroyé par la compagnie, qui était en partie armée d'espingoles, et
qui eût fait sa décharge à bout portant, prenant
le pont en travers; elle avait ordre de ne faire
son feu qu'après celui de l'ennemi (1).

Une partie de la division de M. de la Robe-

(1) Depuis que ces détails sont écrits, les environs
du Chêne, du côté du ruisseau, ont changé un peu de
physionomie.

rie se forma en bataille sur la droite, ayant devant elle les vergers du hameau, et séparée d'eux par le ruisseau. Les paroisses de Géuéton et de Montbert, ainsi que les cent vingt hommes de MM. du Temple, formèrent la gauche; ils avaient pareillement devant eux le ruisseau et les jardins du village, que le général supposait devoir être occupés par les tirailleurs ennemis. Une réserve et quelques cavaliers couronnaient la hauteur qui est à peine sensible. Des patrouilles furent envoyées du côté de Bouaine.

M. de Charette pensait que la colonne ennemie, partie de Pont-James, pourrait bien tomber sur lui au moment où il lutterait contre les troupes sorties de Veillevigne.

Le général, après avoir recommandé le plus profond silence, vint se placer en face du pont, ayant à ses côtés MM. Edouard de Monti de Rezé et Joseph Prévost de Saint-Marc, ses deux aides-de-camp. Quelques paysans placés sans ordre derrière lui, semblaient présenter une victoire facile à l'ennemi.

L'ennemi déboucha tout-à-coup du village au pas de course et sans garder ses rangs. Tous semblaient marcher à une victoire assurée; on la leur avait promise.

C'en était fait de cette colonne qui donnait tête baissée dans le piége, si un coup de fusil ne se fût fait entendre. La compagnie nantaise croyant reconnaître le signal convenu, fit son feu beaucoup trop tôt : cependant plusieurs militaires furent atteints; trouvant alors une résistance à laquelle ils étaient loin de s'attendre, ils firent un mouvement rétrograde jusqu'aux maisons, où ils soutinrent le feu pendant une demi-heure environ.

L'officier qui commandait cette colonne ne prit point une ligne de bataille parallèle à celle des royalistes ; il n'étendit point ses tirailleurs en avant du village, ce qui empêcha M. de Charette d'utiliser les divisions qui occupaient la droite et la gauche de sa ligne.

Comme la fusillade durait depuis quelques temps, sans faire naître de chance de succès d'aucun côté, le général envoya l'ordre à M. de la Roberie, par M. de Bonrecueil, de faire traverser le ruisseau par l'extrémité des deux ailes, afin d'envelopper l'ennemi et de le déloger du village. Cet ordre ne put être exécuté, par suite de la difficulté qu'on éprouve à faire manœuvrer des masses non disciplinées ; un mouvement qui n'a pas pour but de courir sur l'ennemi, ne peut être compris par elles. Le baron de Charette prit donc la résolution de faire franchir le pont sous le feu de la troupe. Cinq officiers qui se trouvaient dans ce moment auprès de lui, se précipitèrent aussitôt, c'étaient MM. Edouard de Kersabiec, de Beauchamp, Edouard de Monti de Rezé, Zacharie du Temple et Bruneau de la Souchais, père de onze enfans, qui fut blessé au passage du pont. Sa blessure ne ralentit pas son courage, et il s'écriait en poussant l'ennemi devant lui, qu'il était heureux de répandre son sang pour Henri V. Il avait le poignet traversé d'une balle.

Aussitôt toute la ligne de bataille s'élança dans le ruisseau. Ce fut sans doute un spectacle imposant, et qui fit impression sur nos adversaires, car ils prirent la fuite, laissant une dixaine de morts sur le terrain, et un grand nombre de blessés ; une seule maison en avait recueilli quinze. On poursuivit les rouges (c'est ainsi qu'on les appelait) pendant environ un quart d'heure. Le vieux général de la Roberie, qui cherchait la mort en voulant venger sa fille, pénétra au milieu de leurs rangs, déchargea ses armes, sabra à droite et à gauche, et revint sain et sauf retrouver ses amis.

Peut-être que dans cette circonstance M. de

Charette fit une faute en ne poursuivant pas l'ennemi, si découragé, qu'il ne s'arrêta même pas dans ses cantonnemens, et se retira jusqu'à Montaigu. Mais nous devons dire que le général ne pouvait ignorer l'approche d'une autre colonne. Si l'on réfléchit à la position désespérée où il était placé, on comprendra qu'il eut la pensée de profiter de cette fièvre d'ardeur que cause toujours un premier succès, pour attaquer ces nouveaux adversaires. S'il était victorieux dans cette seconde lutte, il restait maître alors d'une grande portion de terrain; l'insurrection devenait entière dans le 3e corps.

Dans cette première affaire, les royalistes n'eurent que quatre blessés. M. Bruneau de la Souchais, ancien juge au tribunal de Nantes, Charon, paysan de Saint-Etienne de Corcoué, et deux hommes de la compagnie nantaise, MM. Crouillebois et Dumanoir. Edouard avait eu son fusil brisé dans les mains, une balle aussi lui avait effleuré la lèvre.

Après avoir continué la poursuite l'espace d'un quart de lieue, le chef du 3e corps ramena sa troupe victorieuse au village du Chêne. Il voulait passer en revue ses compagnons d'armes, et les féliciter sur leur belle conduite :

beaucoup s'étaient distingués sans doute, mais tous avaient fait noblement leur devoir : ce n'est que l'occasion qui manque aux braves.

M. de Charette profitant de cette revue, avait l'intention de mettre un peu d'ordre dans les compagnies; en poursuivant la troupe, les paroisses s'étaient trouvées pêle-mêle, et l'on sait que les Vendéens se battent mieux, lorsqu'ils se trouvent à côté d'un parent, d'un ami.

Déjà les officiers s'occupaient de cette disposition importante, lorsqu'un cavalier vint avertir le général que l'ennemi arrivait au pas de course, et qu'il devait occuper déjà la position que les royalistes avaient prise en arrière du pont, et qu'ils venaient de quitter.

Il serait inutile de vouloir raconter la manière dont le mouvement s'opéra parmi les insurgés; mais à la nouvelle de la présence des rouges, le mouvement fut si prompt, qu'il fut impossible au général de prendre aucune disposition : il fut emporté par l'ardeur des siens en face de la troupe, qui déjà avait fait passer le pont à quelques compagnies. Chargées sans ordre, mais avec une impétuosité dont les Vendéens ont donné si souvent l'exemple, ces compagnies furent refoulées de l'autre côté du pont. Les royalistes le passèrent sous le feu de l'ennemi, qui, étonné de cette brusque attaque, fit un mouvement rétrograde pour prendre position à quarante pas du chemin qui conduit à Bouaine. Les royalistes occupèrent ce chemin sur un front de bataille parallèle à celui de leurs antagonistes. Cent hommes environ suivirent le commandant de la compagnie nantaise, qui n'avait auprès de lui que vingt-cinq des siens. Cette colonne suivit le ruisseau à droite, et inquiéta cruellement l'aile gauche ennemie; elle fut obligée de se replier. Le chef de bataillon qui commandait, et au mérite duquel nous aimons à rendre justice, fit alors opérer de nouveau à toute sa ligne un mouvement rétrograde, qui, tout en se faisant avec beaucoup d'ordre, ne laissa pas de lui causer de grandes pertes. Il établit alors sa ligne de tirailleurs sur un espace de quatre ou cinq cents pas environ; sauf un intervalle de cent pas qu'il réserva pour faire exécuter des feux de peloton.

Une heure s'était écoulée depuis le commencement de cette seconde attaque. Les cartouches commençaient à manquer. Déjà trois braves de la compagnie nantaise avaient été atteints. Il fallait obtenir un succès décisif, ou renoncer à l'entreprise. En conséquence, le général envoya par M. de Monti, l'ordre aux cavaliers réunis à l'état-major de charger l'ennemi sur son flanc droit.

Ce mouvement devait être appuyé par quelques fantassins. La nature du terrain ne permit pas à la cavalerie de pousser à fond son attaque.

Pareil mouvement fut ordonné à la colonne commandée par M. de la Roche, qui suivait le ruisseau, et qui déjà avait forcé l'ennemi à se replier. Le chef vendéen résolut de se porter de sa personne en avant, afin d'imprimer un mouvement général à toutes ses troupes. Il eut bientôt dépassé sa ligne de bataille ; M. de Bonrecueil le suivait ; Prévost de Saint-Marc, ce jeune officier d'un dévouement à ses amis si exceptionnel, et que l'on retrouve toujours auprès de son général, était à ses côtés. Le trop malheureux Bonrecueil fut atteint d'une balle qui lui cassa la jambe.

Le chef de bataillon ennemi craignant alors d'être entouré, fit replier ses tirailleurs sur le gros de sa troupe, et commença son mouvement rétrograde en bon ordre.

Déjà les royalistes s'élançaient à la poursuite des rouges, lorsque quelques coups de fusil se firent entendre en arrière de la co-

lonne des royalistes et du côté de la Roche-
Servière ; alors l'épouvante se mit dans leurs
rangs, et ces braves soldats, qui un instant auparavant se précipitaient avec une rare intrépi-
dité sur des troupes disciplinées et supérieures
en nombre, vainqueurs dans deux combats successifs, prirent la fuite sans connaître le nombre de leurs nouveaux adversaires. La voix du
chef fut méconnue ; et les officiers, malgré leur
sang-froid, furent entraînés dans la fuite.

La colonne qui suivait le ruisseau se trouva
naturellement coupée dans ce mouvement de
retraite si inattendu ; elle ne put jamais rejoindre les forces principales des royalistes.

Il est temps de dire les causes qui avaient
amené une fuite si précipitée.

Deux cents hommes sortis, dit-on, de Roche-Servière, ou quelques compagnies déta-
chées de la colonne partie de Pont-James,
étaient venues tomber sur l'arrière-garde des
royalistes, au moment où ils triomphaient pour
la seconde fois. Si cette colonne n'eût pas été
conduite mollement, c'en était fait des insurgés qui passèrent devant eux, en se retirant à
portée de pistolet. Un seul homme nommé
Thalé, de Saint-Philbert, fut tué.

Bientôt le général ne se trouva plus qu'à la

tête de deux cents hommes et de la plus grande partie de la cavalerie. M. de la Roberie marcha pendant quelque temps avec une troisième colonne, à la hauteur du général ; mais le pays est si accidenté et si couvert dans cette partie, qu'ils se perdirent bientôt de vue. Les deux chefs ne devaient plus se revoir. M. de la Roberie mourut quelque temps après (1).

Les Vendéens laissèrent mort sur le champ de bataille M. de Trégomain, jeune officier plein d'avenir, et qui était accouru, ainsi que son frère, des landes de la Bretagne, pour offrir ses services et mettre son dévouement aux pieds de MADAME ; Grimeau, ouvrier de Nantes, et Guillebaut, paysan de Saint-Lumine, furent également tués, ainsi que Thalé de Saint-Philbert.

Crouillebois - Dumanoir et Lehuedé, de la compagnie nantaise, furent laissés blessés sur le champ de bataille. Quelques autres, moins grièvement atteints, purent suivre le mouvement de retraite.

---

(1) Trois mois environ après le soulèvement, la patrouille de Saint-Philbert rencontrait dans son chemin le corps de M. de la Roberie. On n'a jamais pu découvrir jusqu'alors les causes de la mort de cet infortuné vieillard.

Le comte d'Hanache et M. de Bonrecueil
furent portés long-temps par leur camarades.
L'aide-de-camp de M. de Charette, Prévost-
de-Saint-Marc, chargea sur ses épaules
M. d'Hanache; mais les douleurs de ce dernier étaient si intolérables, qu'il demanda en
grâce qu'on le mît à l'écart. Il fallut y consentir; ses camarades le placèrent à couvert dans
un champ de blé. Nul doute qu'il n'eût échappé
à la mort, s'il se fût tenu caché aussi long-temps
que le prescrivait son intérêt; mais après trois
heures d'attente et de souffrances cruelles,
n'entendant plus rien autour de lui qui pût
éveiller ses soupçons, il quittait sa retraite en se
traînant péniblement, lorsqu'il se trouva en face
d'un parti ennemi qui battait la campagne. Il
était désarmé, presque mourant, et pourtant le
chef de la troupe ordonna qu'ont fît feu sur lui.
Plusieurs balles le frappèrent à la fois; il mourut comme il avait vécu, regardant ses ennemis
en face...

Plus malheureux peut-être que le comte
d'Hanache, M. de Bonrecueil fut arrêté, et conduit à la Roche-Servière, où il expira un moment après l'amputation de sa cuisse.

Même devoir, même pensée d'honneur
avaient conduit ces deux braves officiers dans

les champs de la Vendée. Ils avaient entendu l'appel de la régente de France, et y avaient répondu. L'un avait suivi MADAME, des bords de la Méditerranée aux champs du Bocage. L'autre, en voulant partager les dangers de Son Altesse Royale, croyait à peine acquitter une dette de reconnaissance. Heureux de faire partie, dans des temps plus prospères, de la maison de MADAME, duchesse de Berri. il avait cru devoir prendre, en 1832, sa part de gloire et de travaux. A peine rétabli d'une cruelle attaque de choléra, il était parti pour la Vendée. A ce noble dévouement, les amis du comte d'Hanache ne peuvent manquer de le reconnaître.

Nous craindrions d'alonger ce récit, en parlant des preuves multipliées de courage qui eurent lieu pendant ce combat inégal. Nous ferons mention seulement de la conduite de deux anciens soldats de Charette. Ils avaient dit à leurs nouveaux camarades : « Si l'ennemi nous « attaque, vous verrez comment l'on se battait « autrefois. »

A la seconde affaire, ils se détachèrent de la ligne, en se portant en avant : chaque arbre leur servait de rempart. Quand ils avaient choisi leur victime, ils faisaient feu, et rechargeaient leurs armes avec calme. Lorsque la panique s'empara des royalistes, ils étaient parvenus à dix pas de la ligne ennemie.

On a dit, et la presse s'est emparée de cette pensée, que les royalistes avaient un grand nombre d'anciens grenadiers de la garde royale combattant pour Henri V à l'affaire du Chêne; qu'on avait remarqué une compagnie entière coiffée de bonnets de grenadiers. Nous sommes en mesure de certifier que pas un seul ancien militaire n'avait revêtu son uniforme. Le seul bonnet à poil qui se soit fait remarquer, était porté par l'un de ces deux braves dont nous venons de dire la belle conduite. Pierre Bretagne de Saint-Lumine de Coutais avait fabriqué, avec une peau de chèvre, une espèce de coiffure militaire.

Nous avons rendu un compte exact de ce combat; nous suivrons maintenant le mouvement de retraite. Le général chercha inutilement, comme nous l'avons dit, à se rapprocher de la colonne de M. de la Roberie; il n'avait plus d'espoir de retrouver celle que conduisait M. la Roche; en conséquence, il jugea qu'il était de son devoir de songer à la sûreté des hommes qui restaient encore confiés à son commandement. Non seulement il dut s'éloigner du lieu du combat, mais encore du point qu'occupait Son Altesse Royale, afin d'attirer l'ennemi sur ses pas.

Il pensait à rejoindre la division de Machecoul, dont il ignorait encore les revers; mais bientôt il apprit que ses espérances s'étaient aussi évanouies de ce côté. Sa position devenait désespérée, car il voyait sa colonne diminuer à chaque instant. Les uns regagnaient leurs foyers, les autres, harassés de fatigue, ne pouvaient rejoindre les leurs, malgré les haltes fréquentes qu'ils faisaient. M. de Charette, dans l'intérêt même de la sûreté de Son Altesse Royale, dut songer à faire cesser cette lutte, devenue d'heure en heure plus inégale; en agissant autrement, il n'eût compris ni les intérêts de son pays ni la grandeur du dépôt qui lui était confié.

Il fit faire une halte à sa troupe, et réunit autour de lui ses principaux chefs, qui furent tous d'avis d'un licenciement immédiat. M. de Charette leur dit qu'un impérieux devoir l'obligeait de rejoindre MADAME, mais qu'il voulait que ses compagnons d'armes en fussent informés, afin qu'ils sussent bien qu'il ne les abandonnait point, qu'il était décidé à continuer la lutte, si tel était leur avis; mais que son premier devoir était de veiller à la sûreté de Son Altesse Royale.

Peu de temps après (il était plus de minuit), la colonne royaliste, forte de cent hommes environ, entrait dans la cour du Claudy. Le général fit aussitôt former le cercle, et parla en ces termes à ses soldats :

« Vendéens! la confiance que vous m'avez témoignée en m'acceptant pour votre chef, me fait un devoir de vous parler avec franchise.... Permettez-moi d'abord de vous dire que jamais capitaine ne fut plus fier et plus touché du courage et du dévouement de ses frères d'armes; avec de tels soldats on pouvait, on peut encore tout espérer!

« Vendéens! notre position est critique, la plus grande partie de nos amis sont dispersés, Madame peut d'un moment à l'autre tomber entre les mains de ses ennemis!

« Deux moyens se présentent : le premier se fonde sur un licenciement immédiat; ainsi le veulent peut-être la raison et la politique. Le second est de mourir à votre tête. Croyez, nobles Vendéens, que mieux vaut pour moi la mort des braves, que d'aller porter ma tête au bourreau.

« Il me reste encore un devoir sacré à remplir, celui d'aller veiller à la sûreté de Son Altesse Royale ; 48 heures me suffisent : ce laps de temps écoulé, je serai au milieu de vous! »

MM. de Coëtus, de la Haye, Édouard de Kersabiec et Convins prirent la parole, et discutèrent les moyens d'action qui restaient encore au parti. Officiers et soldats furent d'avis d'un licenciement immédiat, avec l'espérance de pouvoir reprendre les armes, s'il y avait lieu. Nous exceptons cependant de cette opinion quelques braves paysans qui, ne consultant que leur mâle courage, furent d'un avis contraire.

Cependant une si grande majorité dut l'emporter sur quelques volontés. Le licenciement s'opéra avec ordre. A deux heures, il n'y avait presque plus personne au Claudy ; les nobles compagnons d'armes de M. de Charette étaient dispersés sur cette terre hospitalière. Alors il dut songer à mettre à exécution son dessein, et partit accompagné de MM. Édouard de Monti de Rezé, Joseph Prévost, le Romain aîné et son frère, toujours si dévoués à leurs amis.

Après une marche pénible dirigée par MM. du Temple, on arriva à la pointe du jour à une ferme nommée *la Petite-Vergne*, en Saint-Jean de Corcoué.

Là, le baron de Charette dut encore se

séparer de ses plus fidèles, de ses meilleurs amis, de ceux qui depuis si long-temps partageaient ses périls et ses espérances.

M. Zacharie du Temple accompagna seul le général à une assez grande distance. Enfin, après cinq heures de marche, il arriva à la Brosse, où il retrouva encore Son Altesse Royale, et auprès d'elle, M\ue Eulalie de Kersabiec, MM. de Mesnard, de Brissac, de la Chevasnerie, Bruneau de la Souchais, blessé, que MADAME venait de panser de ses propres mains, et enfin le brave et infatigable Hyacinthe de la Roberie, que le général n'espérait plus revoir, car on assurait l'avoir vu tomber sous une grêle de balles, au moment où la victoire abandonnait les royalistes.

MADAME ne croyant pas revoir M. de Charette avant de quitter les champs du Bocage, lui avait écrit la lettre suivante, qui lui fut remise seulement quelques temps après, ainsi que d'autres papiers que Son Altesse Royale avait laissés à la Brosse. Comme cette lettre fait ressortir le courage de l'auguste princesse, et qu'elle montre jusqu'à quel point elle était véritablement occupée de ses amis, nous nous faisons un devoir de la transcrire.

« Mon cher Charette, en grâce, soignez-vous bien, je suis inquiète de vous, de mes amis; car pour moi, je ne le suis nullement. Nous partons ce soir pour arriver en deux jours chez mon cher Petit-Paul, qui est un vrai cadeau que vous m'avez fait.

« Dieu nous protégera! Je vais m'éclipser pour ne pas vous inquiéter. Je n'ai qu'un regret, c'est de ne pas m'être battu avec vous hier. Si j'y avais été tué, j'aurais pu avoir l'assurance qu'on m'eût vengé, et je vous assure que je ne recule pas au danger.

« O mon Dieu! que c'est triste de quitter de si bons amis. Adieu; confiance en Dieu doit être notre devise.

« Adieu, soignez-vous pour moi, pour votre femme, pour l'enfant qu'elle porte; pensez à vos amis, vous me comptez du nombre!

« *Signé* PETIT-PIERRE. »

« *P. S.* Si vous voyez le père d'Hyacinthe, voulez-vous lui parler de la part que je prends à son chagrin. Pauvre homme! son fils est admirable. Quelle position que celle de nos amis! Mon Dieu! je donnerais ma vie pour les délivrer; je ne puis penser qu'à eux. »

A peine M. de Charette était-il arrivé à la Brosse, qu'un détachement ennemi fut signalé.

Il fallut quitter cette maison pour aller se blottir dans un fossé profond et à moitié rempli d'eau; un dôme d'épines et de ronces abritait l'auguste princesse et ses amis. Le détachement ne fouilla point la Brosse en passant, il continua sa marche sur Saint-Philbert. Cependant MADAME, par prudence, resta dans son humide demeure, jusqu'au moment où elle dut s'éloigner de la Brosse.

Lorsque la nuit fut arrivée, Jeanneau et deux autres guides vinrent chercher Son Altesse Royale. Elle se dirigea sur Trejet, maison appartenant à Mme Vassal, de Nantes : un des guides, du nom de *Jeanneau,* cousin de ceux de la Brosse, en est le fermier; c'est un homme discret et intelligent.

Toutes les précautions possibles ayant été prises pour faire rentrer MADAME à Nantes, M. de Charette, guidé par un sentiment de prudence, crut devoir quitter Son Altesse Royale au moment où elle entrait au Trejet. Il craignait que le trop grand nombre de personnes qui la suivaient n'augmentât ses dangers. En conséquence, MM. de la Roberie et de la Chevasnerie la quittèrent en même temps. MM. de Mesnard et de Brissac durent en faire autant. MADAME, seule avec Mlle Eulalie, toutes deux vêtues en femmes de la campagne, ne devaient pas éveiller l'attention. C'était donc l'accomplissement d'un devoir rigoureux que les amis de MADAME s'imposaient en se séparant d'elle. En la laissant aux soins de cette population fidèle et intelligente, il y avait lieu de croire qu'elle échapperait plus facilement aux recherches de ses ennemis. Rendons justice à Mlle Eulalie de Kersabiec : son dévouement, son attachement personnel à MADAME ont multiplié les ressources de son esprit, et l'ont aidée à aplanir bien des difficultés.

En quittant MADAME, M. de Charette avait un double but, celui dont nous venons de parler, et, en outre, celui de s'assurer par lui-même des dispositions du pays : son intention n'était point de le compromettre ; car les motifs qui l'avaient forcé à tirer l'épée ne subsistaient plus. Seulement, fidèle à sa promesse, il aurait rougi de mettre sa tête à couvert quand celles de ses amis pouvaient être menacées. Il resta donc quinze jours au moins dans la Vendée, accompagné de M. de la Roberie.

Voyons maintenant, quoique bien rapidement, la manière dont Son Altesse Royale rentra à Nantes.

Déguisée en paysanne, ainsi que Mlle Eulalie,

accompagnée par deux femmes de la campagne, Mariette Doré et Françoise Pouvreau, MADAME partit à la pointe du jour, le 9 juin, du village de la Haute-Menantie, paroisse du Pont-Saint-Martin. Elle avait environ trois lieues à parcourir. Les souliers que Son Altesse Royale avait pu se procurer chez ces honnêtes fermiers, étant durs et beaucoup trop grands, blessaient ses pieds délicats. Elle fut donc obligée de les ôter, et de marcher pieds nus jusqu'à l'entrée de la ville : en cela, il n'y avait rien qui pût éveiller l'attention; toutes les paysannes ayant l'habitude de ne prendre leurs chaussures qu'à la porte de la ville. La blancheur des pieds de MADAME aurait pu la trahir, si elle n'eût pris soin, comme elle le répète souvent, de les *promener* pendant quelque temps dans de l'eau de fumier.

La police se faisait avec une sévérité extrême, lorsqu'il s'agissait surtout d'entrer à Nantes. Les postes étaient doublés, et des délégués de la police placés à presque toutes les issues. Le poste du pont de Pirmil, si important par sa communication avec la Vendée, était encore gardé avec plus de soin que les autres. Il n'y avait point de choix à faire pour Son Altesse Royale; ou il fallait rester dans le pays, ou pé-

nétrer à Nantes par ce point, le seul qui lie les
deux rives entre elles.

MADAME avait mesuré l'étendue du danger,
sans qu'il pût en rien changer sa décision. Mariette Doré se présenta la première à la porte ;
elle fut fouillée ; on lui demanda d'où elle était.
MADAME se présenta alors. Un commis de la
douane demanda à la fille des rois si son panier contenait quelques objets de contrebande :
« Nenni, monsieur, » répondit Son Altesse
Royale en avançant son panier ; mais ce mouvement avait fait remonter la manche, et laissa
voir un bras plus blanc que ne le sont d'habitude ceux des femmes de la campagne, habi-
tuées à un travail journalier et fatigant.

Mlle de Kersabiec trembla ; ce fut une pensée
rapide ; déjà MADAME rejoignait Mariette Doré.
Mlle Eulalie, ainsi que Françoise Pouvreau,
passèrent sans difficultés réelles.

A quelque distance de là, les deux fidèles
Vendéennes quittèrent Son Altesse Royale. Elles
furent demander à Dieu la conservation de
jours si précieux ; car elles avaient compris,
les nobles filles, l'importance de la mission qui
leur avait été confiée.

En passant le pont de la Madeleine, Son
Altesse Royale rencontra un fort détachement

de troupes de ligne, commandé par un officier qu'elle crut reconnaître ; elle pensa aussi l'avoir été par lui, du moins assure-t-elle qu'elle fixa son attention. Elle continua son chemin sans crainte, se fiant à l'honneur d'un officier français.

Un peu plus loin, une femme de la campagne portant un panier sur sa tête, pria MADAME de l'aider à le décharger. Son Altesse Royale eût été sans doute très-embarrassée, si Mlle Eulalie ne se fût avancée, et, tant bien que mal, n'eût prêté secours à la pauvre femme ; celle-ci, pour les récompenser, leur donna à chacune une pomme, que MADAME mangea avec plaisir tout en continuant sa route.

L'horloge du Bouffai sonnait huit heures, lorsque MADAME traversait cette place ; voyant un assez grand concours de monde arrêté à lire une affiche, elle y jeta un coup d'œil rapide, et lut ces mots : *État de siége;* et plus bas, son propre signalement donné avec soin.

A quelques minutes de là, MADAME se trouvait dans un lieu sûr, où Mlle Stylite de Kersabiec et Mme de Charette l'attendaient.

Qu'il nous soit permis de consacrer quelques lignes à Mlle Stylite de Kersabiec, dont le dévouement sembla toujours grandir avec les dif-

ficultés. Quand les temps mauvais seront passés,
quand la société elle-même aura fait justice des
exagérations qui sont inséparables du choc des
passions, alors elle dira avec nous, qu'elle eut
des vertus qu'on rencontre rarement de nos
jours. Avec de l'esprit et une grande facilité
d'élocution, Mlle Stylite de Kersabiec possède
de l'élévation dans la pensée, un esprit prompt
à concevoir et à exécuter. Elle a le malheur
d'être une femme politique. Les hommes qui
ne savent plus l'être, disent cependant bien
haut qu'elle usurpe leur place ; la plupart des
femmes ne veulent pas ou ne peuvent pas la
comprendre.

Nous croyons devoir citer à l'appui de notre
opinion sur le caractère de Mlle Stylite de Kersabiec, un évènement qui n'est point connu du
public, et qui, en révélant dans toute sa puissance le noble caractère de MADAME, prouve
jusqu'à quel point Mlle Stylite comprenait la
dignité de son parti.

M. le vicomte Siochan de Kersabiec,
M. Guilloré, ainsi qu'un domestique du nom
de Papin, allaient être jugés militairement. Le
général Solignac n'avait point caché à ses mal-
heureuses filles que le pouvoir exercerait toutes
ses rigueurs sur un chef pris les armes à la

main ; qu'il fallait un exemple. L'âme brisée de douleur, elles ne virent de chance de salut pour leur père que dans l'intervention d'une auguste princesse auprès du pouvoir actuel. Mlle Stylite était alors auprès de MADAME , faisant céder toutes ses affections les plus chères à un devoir qu'elle regardait comme sacré ; craignant en outre de compromettre la dignité de MADAME par une semblable démarche , elle ne voulut jamais consentir à en parler à Son Altesse Royale, et se tint en dehors de toute participation.

Quand MADAME fut informée qu'elle pourrait apporter quelques consolations au sein d'une famille qui s'était montrée si dévouée pour elle , elle écrivit la lettre suivante à sa tante , la reine des Français :

« Quelles que soient les conséquences qui
« peuvent résulter pour moi de la position où
« je me suis mise en remplissant mes devoirs
« de mère , je ne vous parlerai jamais de mon
« intérêt personnel , madame ; mais des braves
« se sont compromis pour la cause de mon fils,
« je ne saurais me refuser à tenter pour les sau-
« ver, ce qui peut honorablement se faire.

« Je prie donc ma tante , son bon cœur et sa
« religion me sont connus, d'employer tout son

« crédit pour intéresser en leur faveur. Le por-
« teur de cette lettre donnera des détails sur leur
« situation ; il dira en outre que les juges qu'on
« leur donne sont des hommes contre lesquels
« ils se sont battus.

« Malgré la différence actuelle de nos situa-
« tions, un volcan est aussi sous vos pas. J'ai
« connu vos terreurs bien naturelles à une épo-
« que où j'étais en sûreté, et je n'y ai pas été
« insensible. Dieu seul connaît ce qu'il nous
« destine ; et peut-être un jour me saurez-vous
« gré d'avoir pris confiance dans votre bonté,
« et de vous avoir fourni l'occasion d'en faire
« usage envers nos amis malheureux. Croyez à
« ma reconnaissance.

« Je vous souhaite le bonheur, madame,
« car j'ai trop bonne opinion de vous pour
« croire que vous soyez heureuse dans votre po-
« sition. »

Mlle Céleste de Kersabiec partit aussitôt, accompagnée d'un des amis de son père (M. de
la Chevasnerie), emportant cette lettre, son uni-
que espérance. Elle se trompait : Marie Amélie
fit répondre qu'elle ne pouvait ni prendre connaissance de cette lettre, ni en recevoir le porteur.

Madame resta trois jours dans la maison qui lui avait été préparée; une circonstance qui ne doit pas trouver place dans ces notes, la força à la quitter. Elle fut alors reçue chez Mlles Duguiny, où elle est restée jusqu'au moment de son arrestation. On a souvent dit que l'on avait reconnu Madame, le soir, dans les rues de Nantes; c'est une grande erreur. Son Altesse Royale n'est pas sortie une seule fois de chez Mlles Duguiny.

Nous allons maintenant jeter un coup d'œil rapide sur les mouvemens qui eurent lieu dans les 1er et 2e corps d'armée, rive gauche.

Dans le second corps, la division du brave du Chillou, attaquée le 6 juin par des forces supérieures, remporta néanmoins une victoire complète sur ses adversaires.

Sur un autre point, M. de Girardin, avec quarante-deux hommes d'élite, accomplissait un des plus beaux faits d'armes qui aient illustré les champs de la Vendée. A lui seul il suffit pour donner un caractère d'héroïsme à cette trop courte et trop malheureuse campagne.

Nous n'entrerons point dans le développement de faits déjà si connus; nous craindrions d'ailleurs d'enlever à la sublime défense de la Pénicière son véritable cachet de grandeur.

Nous répéterons seulement que quarante-deux Vendéens tinrent en échec, pendant neuf heures, plus de mille hommes, les meilleures troupes peut-être de l'Europe, et leur firent éprouver une perte d'environ deux cents hommes.

Sortez de la tombe, Henri de Larochejaquelein! et dites-nous si les enfans de la Vendée 1832 ne sont pas encore les mêmes hommes que le grand capitaine surnomma *un peuple de geans !*

Dans l'armée d'Anjou, M. de la Béraudière leva un corps d'environ mille hommes. Il eut à soutenir deux combats presque consécutifs, qui coûtèrent beaucoup de monde à ses ennemis. Sur un autre point, MM. du Doré et de la Vincendière levèrent deux ou trois cents hommes. Ils furent attaqués au moment où ils allaient faire leur jonction avec les autres insurgés.

Tels furent à peu près les soulèvemens partiels qui s'opérèrent par suite de l'ordre pour la prise d'armes du 4 juin. Nous avons dit pareillement ceux qui éclatèrent au 24 mai ; nous avons dû signaler les motifs qui en avaient paralysé l'action ; ils appartiennent à l'histoire. Nous avons dû également montrer cette sorte de fatalité qui s'est attachée aux plans si habile-

ment combinés par Son Altesse Royale et M. le
maréchal.

Nous croyons n'avoir écrit sous l'empire
d'aucune passion. Nous savons que notre travail peut devenir l'objet d'une critique quel-
conque : mais nous croyons qu'il ne peut soulever aucune récrimination. C'est au moins le
but que nous n'avons cessé d'avoir devant les
yeux.

MADAME rappela M. de Charette à Nantes,
où il rentra le 26 juin. Une circulaire de Son
Altesse Royale, adressée aux généraux vendéens, en date du 20 juin, lui fit connaître, en
même temps que le billet de l'auguste princesse, sa résolution de rester dans l'Ouest. En
la quittant, M. de Charette l'avait suppliée de
gagner le rivage de la mer, où le vaisseau que
nous avons signalé continuait à croiser. Arrivé
à Nantes, son premier soin fut de rendre compte
à MADAME de la situation des esprits en Vendée. Il ne lui cacha pas que l'échec que ses armes venaient d'éprouver, rendait plus qu'incer-
taine toute insurrection nouvelle. Il insista ; tout
fut inutile. MADAME avait dit : « J'ai compromis trop d'intérêts pour les abandonner jamais. »

Hâtons-nous de dire aussi à la gloire de Son

Altesse Royale, que dans sa circulaire du 20 juin, elle prenait soin de recommander à ses amis d'éviter tout combat, à moins que ce ne fût dans l'intérêt d'une légitime défense. Elle ajoutait : « Je partagerai mon dernier écu avec ceux qui sont trop compromis pour rejoindre leurs foyers, à plus forte raison à l'égard de ceux qui ont été blessés dans les combats. » Et comme on lui représentait qu'en restant dans la Vendée elle attirait sur les siens plus de rigueurs, MADAME eut un moment d'hésitation; mais reprenant cette force de volonté si extraordinaire, elle dit : « Non! je ne mettrai pas ma tête à couvert, quand celle de mes amis est sous la main du bourreau. Vous vous trompez; mon départ ne désarmerait pas le pouvoir, il conserverait les mêmes rigueurs à l'égard des miens. Si au contraire je suis arrêtée, alors je deviendrai pour lui un gage de sécurité, et il cessera de les tourmenter. D'ailleurs, j'ai renoué ma correspondance sur plusieurs points de la France; j'ai écrit aux souverains de l'Europe; j'ai mandé près de moi des hommes considérables dans le parti royaliste : je ne puis donc m'éloigner sans connaître préalablement l'opinion de ceux que j'ai consultés... »

M. de Charette eût manqué à son devoir, à

son caractère, s'il eût insisté. Il se borna à ad-
mirer cette constance surhumaine, que rien ne
pouvait vaincre. Ainsi ce courage que les ennemis mêmes de MADAME ont tant admiré, ce
courage de dix-sept heures dans une fournaise
ardente, en présence d'une mort épouvantable,
ne peut-être, suivant nous, mis sur la même
ligne que cette force d'âme qui ne l'abandonna
jamais dans la poursuite de ses desseins.

Quand M. de Charette vint rejoindre Son
Altesse Royale après le combat du Chêne, elle
lui disait : « Robert Bruce ne monta sur le
trône d'Ecosse qu'après avoir été vaincu sept
fois ; j'aurai autant de constance que lui. »

Qu'on ne croie pas à l'auteur de ces notes
l'intention de flatter même le malheur ; mais il
est des paroles qu'on ne peut oublier, et qu'il
faut dire pour établir avec une mesure exacte
les situations, comme la valeur de ces êtres
exceptionnels, qui semblent dévorés par le besoin d'accomplir leur mission. Mission bien
noble, bien grande, lorsqu'il s'agit de rendre
un trône à son fils !

Deux mois après sa rentrée à Nantes, Son
Altesse Royale écrivit à ses amis de l'Ouest,
non pour réclamer d'eux de nouveaux sacrifi-
ces, mais pour connaître quelle était leur opi-

nion sur sa présence dans le pays, les évènemens ayant fait des pas de géant depuis sa circulaire du 20 juin.

Ainsi nous étions à la fin d'août. L'Europe
alors paraissait menaçante. La question Belge
semblait devoir amener un choc violent entre
les puissances du Nord et la France.

Le vieux roi de Hollande, par sa persévérance,
paraissait devoir entraîner dans la lice, en
vertu des traités de 1815, cette vieille Europe
qui semblait sommeiller depuis les grandes
guerres de l'empire.

Tel était le tableau que Son Altesse Royale
mettait sous les yeux de ses amis. A ces motifs,
il faut joindre les approches d'une session qui
annonçait devoir être orageuse. Qu'on ne s'é-
tonne donc pas si les personnes consultées ont
alors en majeure partie conseillé à MADAME
d'attendre encore quelque temps. Son Altesse
Royale devait-elle, au moment d'une guerre
qu'on lui présentait comme certaine, immi-
nente, devait-elle s'éloigner de la France? et
en supposant qu'elle dût y rentrer, était-ce à la
suite de l'étranger? ses amis ne pouvaient le
lui conseiller.

MADAME restait donc dans l'Ouest pour profiter des fautes de ses ennemis, et se poser

plus tard, s'il y avait lieu, comme un principe entre la France et l'étranger, comme une pensée de salut pour tous ; car jamais MADAME ne connut la haine.

Autant pour simplifier ses rapports avec ses agens, que pour donner une sorte d'unité à toutes les parties de la France, MADAME la partagea provisoirement en trois grands départemens militaires, sans préjudice du système provincial. A chacune de ses parties avait été donné un chef auquel Son Altesse Royale avait remis les pouvoirs les plus étendus.

Un pouvoir civil avait été créé sous le titre d'*intendance générale ;* il relevait naturellement, par suite de la situation, de l'action militaire.

Notre intention n'est point d'entrer dans les détails minutieux de la vie de MADAME pendant son séjour à Nantes. Nous laissons ce soin aux personnes qui ont vécu dans son intérieur. Elles diront quelle charmante simplicité elle savait apporter dans ses rapports avec elles. Le dévouement de Mlles Duguiny est trop connu, pour que nous ayons besoin d'en entretenir nos lecteurs. Nous arriverons donc promptement à cette funeste catastrophe, qui plongea la France royaliste dans le deuil et la douleur.

Nous avons pris soin de dire que MADAME

ne quitta pas un seul moment la maison de Mlles Duguiny. Cette privation d'air nuisait à sa santé ; mais comme elle craignait de compromettre ses amis, elle n'exprima même pas le désir de sortir un instant. Nous sommes autorisés à croire que si elle a échappé si long-temps aux recherches multipliées de la police, aux deux mille visites qui ont été faites à Nantes, sa conservation jusqu'au jour où elle fut vendue par un misérable Juif, est due aux soins minutieux dont on entoura son existence. Elle ne vit jamais que les personnes qui étaient chargées de veiller à sa sûreté. Jusqu'aux mets qui paraissaient sur la table de Mlles Duguiny, avaient été l'objet des préoccupations des amis de MADAME. Il fallait que l'ordinaire de ces demoiselles restât le même, au risque d'attirer l'attention des marchands. Toutes ces considérations avaient été pesées avec soin.

Il ne peut venir dans l'esprit de personne de douter du dévouement, de la discrétion de M. Duguiny, frère de ces demoiselles. Eh bien ! ce ne fut pour ainsi dire qu'aux derniers jours, que M. Duguiny se trouva en rapport avec MADAME ; ainsi elle passa près de cinq mois dans la demeure de ses sœurs, sans qu'on jugeât utile de le mettre dans la confidence d'un secret aussi important. MADAME enfin insista avec tant de force, que M. Duguiny lui fut présenté. La crainte de compromettre ses hôtes fut poussée sans doute trop loin par MADAME; nous eussions voulu qu'elle ne se refusât pas au bonheur de retrouver une personne (1) qui lui avait donné les preuves du plus éclatant devouement.

Nous avons cru devoir prouver qu'il n'était pas en la puissance des personnes qui se trouvaient chargées de veiller à sa sûreté, d'éviter la funeste catastrophe dont nous allons parler.

Il était naturel que la police cherchât ses suppôts parmi cette race errante, et toujours dévorée par le besoin d'accumuler richesses sur richesses. Elle choisit un Juif!....

Le traître dont on s'est si souvent occupé, le fut avec toutes les circonstances d'une double apostasie, car ce Juif avait abjuré sa religion, pour devenir plus tard infidèle à son Dieu, jusque sur les marches de l'autel. Hypocrite devant les hommes, il semblait, par son humilité, par son pieux recueillement dans les lieux saints, commander la confiance. Cependant aucune des personnes qui se trouvèrent en

(1) La comtesse de la Rochejaquelein.

rapport avec lui, ne purent se défendre d'un sentiment indéfinissable de répulsion, comme si le sceau de la trahison eût été imprimé sur son front.

Deutz arriva à Nantes vers le 25 ou le 26 octobre, sous un nom supposé; et dans aucune de ses relations il ne se fit connaître.

Pourquoi vint-il sans lettre de recommandation? car nous ne pouvons donner ce nom à un petit billet insignifiant qui lui avait été remis pour une personne en dehors de la politique. Avait-on déjà à Paris des soupçons sur sa fidélité? on est en droit de le croire, lorsqu'on apprend que celui qui l'envoyait comme malgré lui, et qui n'avait fait qu'obéir aux ordres de MADAME, en laissant Deutz se diriger sur Nantes, et sans, pour ainsi dire, le recommander, écrivait à Son Altesse Royale le jour même de son arrestation : « ....MADAME, on vous trahit. » Cette lettre n'était pas encore entièrement déchiffrée, lorsque Deutz entra chez Son Altesse Royale.

Le double traître arriva, comme nous venons de le dire, du 25 au 26. La police lui avait dit de chercher à gagner la confiance de madame de la Féronnays, supérieure du couvent de la Visitation, pensant qu'elle entretenait des rapports fréquens avec MADAME, et que peut-

être même elle lui accordait un asile. C'était
imbue de cette idée, que quelque temps avant
l'arrivée de Deutz, la police s'était transportée
au couvent de la Visitation, avec un appareil
formidable de cinq cents hommes de troupes.
Au mépris de toutes les lois, les murs furent
escaladés avant le jour. Les religieuses, à qui
on avait à peine laissé le temps de se lever, furent rassemblées dans un apartement où, le re-
gistre matricule à la main, l'autorité s'assura
de l'exactitude des signalemens. Pendant ce
temps, la visite la plus minutieuse se passait
dans tout l'intérieur du couvent; les murs furent sondés, les parquets soulevés, jusqu'aux
entrailles de la terre furent fouillées. Le peuple
criait au scandale... Enfin, au bout de treize
heures, la police, convaincue de l'inutilité de ses
recherches, ou cédant à la voix du peuple, se
retira. On ne doit donc pas être étonnné que
le pouvoir eût ordonné à Deutz de se mettre en
rapport avec Mme de la Féronnays; or il s'a-
dressa à elle; et lui dit « qu'il venait d'accomplir une mission importante en faveur de
MADAME, et qu'il demandait l'honneur de lui
en rendre compte. »

Madame la supérieure de la Visitation se
borna à lui dire qu'elle ignorait où pouvait être

MADAME, et qu'il eût à s'adresser à toute autre personne qu'elle.

Deutz n'était pas homme à se décourager si vîte ; chaque jour il revenait à la charge , chaque jour peut-être, nous avons peine à le dire, il recevait son Dieu dans la chapelle du couvent.

Cependant les personnes qui veillaient plus spécialement à la sûreté de MADAME pressentaient un danger plutôt qu'elles ne le voyaient. Jusqu'alors rien ne pouvait démasquer le traître ; sa conduite était prudente ; l'hypocrisie semblait écrite sur sa figure ; mais on ne pouvait le condamner sur des soupçons. Il paraissait n'avoir aucun rapport avec les autorités ; et si l'on excepte une ou deux sorties de nuit, rien ne pouvait légitimer les craintes des amis de Son Altesse Royale. Ils restaient sur la défensive ; et cet état de choses eût pu durer long-temps, si MADAME, songeant à la mission de Deutz, n'eût eu l'idée que cet inconnu qui demandait à la voir, pouvait être Deutz lui-même. A son signalement elle crut le reconnaître ; mais quand enfin elle fut en possession des papiers concernant la mission du traître, elle ne conserva plus de doute sur son identité ; il eût été facile d'arriver plus tôt à ce résultat, mais l'on craignait, vis-à-vis d'un étranger, de signaler la présence de MADAME, en réclamant de lui les titres de sa mission. Ainsi ce ne fut qu'après s'être fait rendre compte de son signalement, que MADAME voulut voir son portefeuille. Il fit quelques difficultés pour le remettre, obligé qu'il était, disait-il, de parler à Son Altesse Royale. Trois jours après la remise de ces papiers, on écrivait à Deutz, qui voyageait sous le nom de Hyacinthe Gonzague, le billet suivant :

« Vous voudrez bien, monsieur, vous confier à la personne qui vous remettra ce billet; elle est chargée de vous conduire dans un lieu où vous connaîtrez les ordres de Son Altesse Royale. »

M. Duguiny fut chargé de remettre cette lettre à Deutz, et de le conduire dans la maison de ses sœurs. L'homme de la police fut alors introduit; mais MADAME feignit de le faire attendre : plus d'une demi-heure s'écoula sans qu'elle parût. Enfin Son Altesse Royale se montra tout à coup, les pieds poudreux, et avec l'apparence d'une personne qui vient de faire une longue marche. MADAME resta enfermée assez long-temps avec le malheureux qui devait la livrer quelques jours plus tard. Il lui rendit compte avec beaucoup de discernement de sa mission, qui avait pour but d'entrer pour une somme de dix millions dans la négociation et l'emprunt en faveur de don Miguel. Toutes les garanties de cet emprunt étaient fournies par le gouvernement portugais, qui devait en outre mettre à la disposition de MADAME une assez grande quantité d'armes et de munitions, suivant l'occurrence.

Deutz avait aussi reçu l'ordre de se rendre auprès de la reine d'Espagne, qui, à cette époque, n'était point encore entrée dans des voies révolutionnaires; elle se montrait favorable à l'entreprise de sa sœur; des subsides avaient été fournis par la cour de Madrid, et Ferdinand VII avait autorisé la formation d'un corps composé en grande partie de Français, qui devait prendre la cocarde blanche et franchir les Pyrénées au moment où le Midi se serait soulevé. Un officier français aurait pris le commandement supérieur de cette cohorte.

On comprend dès lors l'importance que Son Altesse Royale mettait à recevoir Deutz, car déjà Son Altesse Royale avait eu l'occasion de mettre à l'épreuve le zèle et le dévouement de ce misérable.

Ce funeste évènement est si connu du public, que nous n'avons point l'intention d'en parler avec détail : nous avons voulu traiter seulement quelques points ignorés.

La conversation entre Deutz et MADAME étant terminée, elle le pria de rester quelques instans dans la maison de Mlles Duguiny, afin de lui donner le temps de s'éloigner. Il dit alors que MADAME ne pouvait s'entourer de trop de précautions; il l'en félicita, tomba à ses pieds, et, baisant le bas de sa robe, il versa, dit-on, des larmes abondantes. Etaient-elles sincères, ou était-ce de regret de voir sa victime lui échapper?... Dieu seul le sait!... Mais le lendemain, poursuivant l'exécution de son coupable dessein, il écrivait : « Qu'en présence de tant de grandeur et d'infortune, il avait oublié de traiter avec MADAME une question du plus haut intérêt. Tout en accordant toute confiance à Deutz, MADAME ne voulut cependant pas le recevoir immédiatement. On se borna à lui répondre trois jours après la réception de sa lettre : « Qu'il trouverait des ordres et une direction chez Mlles Duguiny. »

Le traître ne fut que trop fidèle au rendez-vous. Nous croyons que le billet indiquait l'heure de cinq heures. C'était bien, si MADAME voulait attendre la nuit pour le recevoir, et employer à peu près les mêmes moyens dont elle avait fait usage au premier entretien. Il aurait pu croire, en effet, qu'il n'était question que de recevoir une direction ; mais Son Altesse Royale, impatiente de connaître le nouveau motif qui l'amenait devant elle, le fit introduire presque de suite dans son appartement. Dieu, dans ses décrets, avait décidé que MADAME serait livrée à ses ennemis par un misérable Juif.

Nul doute que la pénétration de Deutz n'avait pas été mise en défaut, car il avait dit aux agens du pouvoir : si elle habite la maison de Mlle Duguiny, mettez-vous en mesure de la cerner aussitôt que je vous aurai donné le signal convenu : si elle sort, arrêtez-la !...

Nous n'ajouterons rien aux détails déjà si connus de l'arrestation de MADAME. On sait que, s'adressant au général d'Ermoncourt, elle lui dit : « Monsieur, je me place, ainsi que mes « amis, sous la garde de l'honneur français. Je « suis votre prisonnière, et non celle des hom- « mes de la police. »

Ce langage était digne de vous, MADAME, et rendait justice au général d'Ermoncourt. Loyal militaire, il n'attaque jamais son ennemi qu'en face. S'il le voit écrasé sous le nombre, il lui tendra généreusement la main; il aurait honte d'insulter au malheur ! Le gouvernement de juillet, qu'il servit fidèlement, le remercia, quelques mois après, de ses services, en lui-donnant sa retraite. Tout commentaire devient inutile à ce sujet.

Notre tâche est terminée, car nous éviterons de raconter ce que tant d'autres ont dit avant nous, et mieux que nous.

Maintenant, MADAME est dans les murs du vieux château de Nantes, avec les généreux compagnons de sa captivité. Autrefois le fameux cardinal de Retz, prisonnier comme elle, trouva moyen de s'évader; mais mille hommes ne le gardaient pas, la garnison entière n'était pas sous les armes, et la police n'avait pas ses millions d'espions, qui surveillent jusqu'à l'exécution de la consigne.

Les amis de l'infortunée régente de France sont impuissans à la secourir. D'ailleurs, il y a ordre, entendez-vous bien, ordre de tuer, si l'on fait résistance.... Ces paroles, qu'on ne peut oublier, ont été prononcées par le commissaire de police Dubois, au moment où il pénétrait dans l'appartement de Mlle Pauline Duguiny. Mme la baronne de Charette et Mlle Céleste de Kersabiec se trouvaient dans l'appartement même où cet ordre fut donné.

Toute réflexion nous semble inutile. La

situation se dessinera d'elle-même d'une manière exacte aux yeux de nos lecteurs ; du
moins nous l'espérons !

Deux jours après ce fatal évènement, MA-
DAME traversait cette cité qui venait de lui
donner des fers, et qui quatre ans auparavant
avait répandu des fleurs sous ses pas.....

Nous regrettons vivement d'avoir eu à nous
occuper d'évènemens si récens. Selon nous, il
fallait les laisser sommeiller encore long-temps,
et attendre que les années eussent calmé les
passions et diminué les entraves qui gênent les
allures d'un écrivain consciencieux. Aussi n'est-
ce pas nous qui sommes venus les premiers re-
muer ce terrain brûlant. Nous croyons avoir
apporté dans notre récit toute la réserve possible, écartant avec soin tout ce qui peut donner
un aliment à ces mêmes passions.

Il ne nous reste plus qu'à établir quelques
considérations générales sur ces évènemens.
Nous nous bornerons à de courtes observations.

Nous rappellerons d'abord au lecteur les
belles paroles de MADAME quand elle s'adresse
au grand orateur, et met sous ses yeux, après

le contre-ordre, les motifs de sa généreuse résolution. Toute l'histoire de 1832 est là!... Avec
quel merveilleux entendement elle explique les
plans d'opération, l'enlèvement des troupes. Il
semble que l'action se passe sous nos yeux. On
voit un succès possible, probable même, où
quelques personnes voyaient un acte de témérité aveugle, une folie. Et quand les amis de
Son Altesse Royale, après la défaite, la sup-
plièrent de mettre sa tête à couvert, est-elle
moins sublime dans ses réponses? Quelle ab-
négation! et avec quelle puissance de raisonne-
ment elle combat les observations qui lui sont
soumises! Comme le tableau qu'elle fait de
l'Europe est dessiné largement! ce sont deux
mots, et ces mots peignent toute la situation.

Nous espérons avoir fait passer dans l'esprit
du lecteur la conviction qui existe si profondé-
ment dans le nôtre sur l'opportunité du mouvement et sur ses chances de succès. Nous
croyons avoir fait pressentir les dispositions
bienveillantes de l'Europe en faveur de l'entreprise de MADAME; et pour donner plus de
force à notre opinion, nous citerons celle du
chef de la police d'alors, M. Gisquet (2ᵉ vol. de
ses Mémoires, pag. 128). « Il ne peut mettre
« en doute l'assistance que l'Espagne, la Sar-

« daigne, la Hollande, le Portugal, le Pape, et
« quelques princes d'Italie étaient disposés à
« donner et donnaient déjà à la mère de Henri
« de France avant l'insurrection. Il ajoute que
« si MADAME eût eu des succès dans l'Ouest
« ou le Midi, nul doute que l'Europe ne l'eût se-
« condée... » Nous n'en doutons point, mais
nous devons ajouter, à la gloire de MADAME,
qu'elle ne réclama jamais des puissances qu'un
appui moral. Elle avait fait entendre aux cabi-
nets de l'Europe ces nobles paroles : « Tout
pour la France et par la France! »

Eh bien! c'est en vue de cette pensée, au
milieu de tant de circonstances favorables, et
toutes faites pour donner la certitude morale
d'un succès, que l'appel de la Régente de
France a été fait à la Bretagne et à la Vendée.

FIN.

Paris.—Imprimerie de G.-A. DENTU, rue de Bussi, n° 17.

(illegible)